大学教育
研究と改革の30年

——大学教育学会の視点から——

大学教育学会30周年記念誌編集委員会
【編】

東信堂

刊行にあたって

大学教育学会三〇周年記念誌（以下「本誌」と略）は寺﨑昌男前会長のもとで計画され、主として編集委員長の本郷優紀子会員の手で編集された。私自身は執筆を依頼された一人（第一部第三章担当）で、本誌について客観的に論じる立場にはないが、たまたま会長職に就任した関係でコメントをすることになり、刊行前に他の執筆者の原稿に目を通す機会を得た。率直に言ってこれは面白い本である。

大学教育学会は教育現場の問題に正面から立ち向かい、議論をたたかわせながら具体的な指針を示すことを伝統としてきた。最近の課題研究を総括した本誌第一部からもその雰囲気が感じられる。各章ごとに問題設定がなされているが、「FDをどうするか」という問題意識で個性豊かな執筆者の意見を比較するのも一つの読み方だろう。

第一章の教養教育の評価／認証に関する論考の中で後藤邦夫会員は、個別学問分野の教員は、学生らの将来を見通した上で「異なるパラダイムのもとにある学問分野に対しても目配りをする」などという余裕はないと述べている。教養教育カリキュラムは、職業選択や専攻分野を問わず大学においてのみ可能なアカデミックな学習基盤の形成のために、誰かが意識的に「設計」しなければならない。それには教育目標が必要だろう。

第二章で山田礼子会員は近年急速に発達した初年次教育について、正規教育課程に初年次教育を組み入れる機関は増加してきてはいるが、実際には初年次教育内容と評価をどうするか、担当する教員の意識の差や力量の差をどうするかなどの問題があり、「今後はFD推進とかがみ合わせで初年次教育も進展させていかねばならない」としている。

第四章で絹川正吉会員は、FDのダイナミックスを論じる中で、日本の大学教員にFDのニーズがないのは大学教育の目標設定がなされていないからだと喝破する。仮に一般的目標が設定できたとしても、それを具体的な目標にブレークダウンすることについては教育学者の間にも強い反対意見がある。いずれにせよFDは自律的レベルでは発達せず、「行政的レベル」の問題にとどまっている。「大学教員の自律性の仮説」が公理として広く受入られるまで、FDはサービスに徹底することにならざるを得ないという。

以上の四つの議論を比較しただけで、日本の大学教育ひいては大学教育学会が直面している問題の難しさが想像できるだろう。第五章で今田晶子会員が「SDとFDを考える際には教員と職員の関係は避けて通れない」と指摘しているとおり、問題は大学教授職とは何か、大学職員とは何か、そして「大学人」とは何かという疑問に立ち帰る。本誌によって浮かび上がってきた問題の輪郭とはそのようなものである。

本誌が会員の知的関心を刺激し、大学教員と大学職員の在り方に関する議論を先導することが期待される。本誌の刊行に貢献された多くの方々に、深甚なる敬意と謝意を表する所以である。

大学教育学会会長　小笠原　正明

はしがき

大学教育学会（以下、「本学会」と記す）は一九七九年一二月、一二九六名の会員によって「一般教育学会」という名称のもとに結成された、当時唯一の大学教育に関する専門学会であった。一九〇〇五年に日本学術会議が機構改革するまでは教育学関連学会のメンバー学会でもあった。

一九九七年には「大学教育学会」と改称し、二〇〇九年一一月現在、個人会員一〇四〇名、団体会員二三九団体を数える規模にまで発展してきた。

二〇〇九年度は、一九七九年の結成以来ちょうど三〇周年目に当たる。何らかの形で学会の歩みを記念すべきではないかという議が起こり、創立三〇周年記念事業委員会（委員長・竹前文夫理事）が結成されて、①記念講演会の開催、②記念誌の編集と刊行、という二つの行事が企画された。

①の記念講演は二〇〇九年一一月二八日、大阪市の御堂会館を会場とし、課題研究集会を担当された大阪市立大学大学教育研究センターとの共催で、大阪大学学長・鷲田清一氏の講演を得て盛況裏に開催された。

②の記念誌については、本郷優紀子編集委員長のもとで半年余の編纂事業を終え、ようやく本誌を会員諸氏に捧げる段階にいたった。

この間、寄稿をわずらわし、また編纂の協力を得た会員諸兄姉に対し、厚くお礼を申し上げなければならない。

本学会の沿革史は、六年前の二〇〇四年に〈創立二五年史〉を編纂発行したのが最初である（編集委員長・千葉茂美理事＝当時）。『新しい教養教育をめざして』と題された同書は、組織としての本学会の歩みを記述したほか、大会・課題研究集会等の記録、会員からのテーマ論文、そして座談会などを収めた文献であった。その後わずか六年間しか経っていない。いまどのような形で三〇周年を記念するかは、一つの課題であった。

そこで企画されたのが、本誌である。年代記風の記述は行わず、それに代えて、

①『二五年史』後の五年間に学会が取り組んできた課題研究を重視し、それらの経緯と成果について、研究委員等による活動経過と成果を集成する、

②創立以来の各年次大会等のシンポジウムの題目および発題者の発題一覧を掲げ、学会の研究活動・研究課題の変遷を、より明確に展望できるものとする、

③支部研究活動についても記録を残す、

という方針の下に編集が進められた。「研究活動の質的紹介こそ学会沿革史の基本使命である」「研究の到達点や達成レベルを確認し、今後の検討に供することが、そもそも学会の基本要件である」ということが、記念事業委員会によって確認されたのである。

周知のように、この六年間は日本の大学にとって容易ならざる状況変動が続いた。中央教育審議会によって、日本の大学の全体デザイン、大学院のあり方、学士課程教育の構築、さら

に将来動向等にわたって、繰り返し諮問や答申がなされ、多くの科学技術関係会議、専門団体、経済団体等が答申や意見を発表し、また小・中・高等学校の学習指導要領も大幅に改訂された。他方、法人化の影響は多くの国立大学に影響を与え、少子化の波は特に私立大学・短期大学に深刻な事態をもたらしている。しかもなお、「全入」の事態によって入学生たちの学力の多様化が進み、教員と職員がＦＤ・ＳＤ活動を通じて諸能力を発展させていくことは、焦眉の課題となっている。さらに、「教育の質保証」という要請が、厳しくさしつけられている。

大学教育実践の現場での苦闘の中にありながら、その基礎となる学習を深め、調査活動を行い、またその成果を現場に環流してゆくことが今ほど求められる時はない。

一般教育学会時代以来、実践と理論の往還をこそ使命としてきた本学会が、その歩みを刻々に見定めていくことは、学会内外から求められている課題であろう。この状況のもとで記念誌を公刊することができることを心から喜び、また記念事業委員会の活動を支えられた常任理事会・理事会にも厚くお礼を申し上げたい。

さらに、本記念誌が新入会員の皆さんへの学会案内にもなれば、これにまさる喜びはない。

『二五年史』に引き続き、刊行に力を貸してくださった東信堂社長下田勝司氏にも深甚な謝意を表したい。

二〇一〇年二月

記念誌編集委員会顧問　寺﨑　昌男

大学教育　研究と改革の三〇年——大学教育学会の視点から／目次

大学教育　研究と改革の三〇年

――大学教育学会の視点から

第一部　学会における課題研究の取組み

はじめに
――学会としての研究課題の設定とその経緯

松岡　信之
（大学教育学会三〇周年記念誌編集委員）

大学教育学会では、学会としての研究課題を定め、集中的に研究活動を展開してきている。このような課題研究の取り組みは、一九八〇年から始められ、今日迄に一八の研究テーマが取り上げられている。

当初、研究課題の設定は理事会で審議され、代表世話人を定めて、学会大会や課題研究集会のシンポジウムでその研究成果を発表してきた。過去の課題研究テーマを振り返ると、一九八〇年代初頭には、高等学校教育との接続（アーティキュレーション）のあり方や、大学教育における論述作文、読書および対話・討議に関する意味づけと方策などが採り上げられ、大衆化に移行し始めた大学教育への対応が検討された。

さらに、一九八五年には、第四課題研究として「Faculty Development の研究」が開始された。大学設置基準により二〇〇七年から大学院、二〇〇八年からは学部段階でのFD活動が義務化され、今日ではFDという言葉は一般化されてきたが、当時から本学会では、FDを「大学教授団の能力開発」と訳し、教員個人ではなく、教員組織（教授団）としての教育能力・技能などの諸能力の向上に着目し、その研究に取り組んできた。また、一九八八年には第五課題研究として「Undergraduate 教育」を設定し、当時の設置基準で定められていた一般教育、専門教育という枠にとらわれることなく、四年間の一貫教育を構想したUndergraduate 教育（学士教育）の概念のもとで大学教育を考える必要があることを示した。この考え方は当時（一九九〇年）の大学審議会に対する本学会からの意見書にも盛り込まれ、さらに二〇〇八年の「学士課程教育」という概念に引き継がれてきている。

このように、本学会の課題研究は、大学教育を考える上で大きな役割を果たしてきている。

二〇〇五年度以降、課題研究のテーマ設定に当たってはそのテーマが学会大会でのラウンド・テーブルで議論を踏まえるなど、会員の多くに関心があり、学会全体としての取り組みであることを明確にするために、「大学教育学会研究委員会規定」を定め、この規定の下で研究テーマ、研究代表者などを承認し、年度予算に研究経費を計上してきている。

以下に掲載されているものは、二〇〇五年度以降に課題研究として認められ、毎年のラウンド・テーブル、課題研究集会での議論を重ねてきたものである。研究の成果は、その都度学会誌に掲載されてきているが、ここでは、各研究委員会による研究内容の総括をお願いした。

第一章　課題研究「大学における教養教育の評価／認証の基礎に関する研究」

後藤　邦夫
（大学における教養教育の評価／認証の基礎に関する研究委員会）

はじめに

二〇〇四年四月から三年間、『大学における教養教育の評価／認証の基礎に関する研究」をテーマとする学会の課題研究が行われた。二〇〇六年一二月、中間報告を公表し、二〇〇七年六月、結果の概要を理事会に報告した。ほぼ時を同じくして、中央教育審議会大学分科会では、学士課程教育の再構築をテーマとする小委員会が設置され、検討が開始された（二〇〇七年四月）。その結果は同年九月の中間報告を経て、二〇〇八年一二月、中央教育審議会答申「学士課程教育の構築に向けて」として公表された。われわれの課題研究は二〇〇七年三月に一応終了したが、この中教審の動向を度外視することはできない。そこで提起されている諸問題、例えば、「学士力」と表現される一般的能力（Generic Skills）の教授、習得、評価など、さらに検討すべき課題が見られるからである。また、ＯＥＣＤが初等中等教育の分野で行ってきた共通学力比較（ＰＩＳＡ）の高等教育の分野での実施（ＡＨＥＬＯ）が伝えられた。

そこで、課題研究参加者の有志は、二〇〇八、二〇〇九年度にわたり、大会のラウンドテーブルなどの機会を利用して自主的に調査研究を続け、「二一世紀型リベラルアーツ教育の再構築」を新たな課題研究とすべく努力してきた。したがって、本報告には、二〇〇七年三月に終了した課題研究だけではなく、その後に行われた研究と討論の内容をも反映している。ただし、記述における責任は執筆者にある。

この報告において、特に強調したい点は、「教養教育」と「評価」というキーワードが必ずしも明確に規定されていないという現実を克服する必要があるという点である。また「評価」の対象についても、教育方針の決定主体、教育活動の実施主体、カリキュラムを含む教育システム、教育活動の内容、教育の成果など、それぞれのレベルに応じた考察が必要であることを示した。

さらに、学士課程教育にとって最も重要なことは、二一世紀の社会における学生たちの生き方の選択に対して大学が果たすべき役割である。私たちは、ともすれば教員＝研究者の立場、それぞれが関与する学術研究の立場で問題を捉える傾向があるが、大学は何よりも学生のためのものであるという当然の前提を忘れないよう自戒すべきであろう。したがって、「学生による評価」は、個別の授業評価にとどまることなく、大学のシステムとその運用全般に及ぶ必要がある。しかし、日本の大学では、学生は顧客であっても構成員ではない。今回の課題研究では、このテーマに踏み込むことはできなかった。
なお、本稿で「大学」というとき、特に断らない限り「四年制学士課程」を意味する。

一．課題研究実施の契機

学会二四回大会（二〇〇二年六月）に際して開かれた二〇〇二年度課題研究集会の企画委員会の席上、関根委員から最近の中教審における審議の中で、複数の評価機関を認証し、それぞれが特徴ある評価を行うという方針が出されたことが紹介され、学協会が教養教育の評価に関わる第三者機関となる可能性に言及された。これは極めて重要な指摘であり、教養教育の評価というテーマに取り組むことは大学教育学会の責務ではないかと考えられた。

さらに、当時すでに大学評価・学位授与機構による評価が試行されており、とくに国立大学の教養教育に対する評価活動が注目されていた。ところが、その作業に参加した学会員の中から、さまざまな批判的見解が表明されていた。当時の評価は、大学ごとに明示された教育の「理念・目標」と、それを達成するために大学が準備する教育システム（設置科目、履修体系など）との整合性を問うものであったが、その基本は現在でも踏襲されている。しかし、日本の大学（特に国立大学）の学部構成、設置科目、担当者人事などは相当に固定的であり、その整備状況は大学の規模や歴史によるところが大きい。大幅な変更が困難なシステムと抽象的に表現されることが多い「理念・目標」との整合性の計測が評価としての意味があるのか、という疑問が提起されるのは当然であろう。事実、よほどのことがない限り、歴史が古く規模が大きく、人員と予算に相対的に恵まれた大学のスコアが高いのは当然であろう。

しかも、この種の評価によって明らかになるのは「システムの整備状況」であって、「教養教育」の内容ではない。学生たちが、多様な開設科目の中から、どのような科目を履修し全体として何を習得したかを知ることはできない。これでは「教養教育の内容に関わる評価」とはほど遠いといわねばならない。

大学教育学会は、前身の一般教育学会の時代を含め、専攻の如何によらず大学卒業生が獲得すべき学問的資質の内容について、「教室における活動」をベースに研究を続けてきた学会である。いわゆるPeer Reviewにおいて特別な位置にあると見てよい。したがって、学会が直接に評価に関わる活動に参加するか否かに関わりなく、この問題に関する知見をまとめて開示することは必要であると思われた。

右記のような問題意識に立ち、我々の課題研究が認められ開始された。

二．「内容評価」への前提となる認識の整理

1　「教養教育」概念の多義性の克服と内容の明確化

〈「教養教育」の再定義の必要性〉

一般的に「教養とは何か」という問いに対しては各人各様の答えがありうるだろう。最大公約数的な回答でさえ世代間の変化は大きい。「教養教育」という名称にも、しばしば崇高な理念がつきまとい、

制度としての大学が行うべき具体的な教育内容や学生が獲得すべき成果との乖離が生じるおそれがある。

これらの事情による「教養教育の多義性」や「抽象性」を許容すると具体的な「内容評価」は成り立たない。この問題をめぐる合意形成は、本学会の内部でも必ずしも容易ではないのである。まして、すべての大学人の共通認識を得ることは、非常に困難である。しかし、ある程度の一致点を確認しない限り、内容評価に基づく学士課程教育の改善は困難である。

そこで、われわれは「教養教育」を「大学においてのみ可能なアカデミックな学習の基盤形成」として再定義することを提案したい。

〈いわゆる「専門教育」との関係と「リベラル教育」の意味〉

上記のような再定義を行うと、直ちにいくつかの疑問が提起されるだろう。「専門教育との関係はどうなるのか、基礎教育ということか」「共通の基礎教育ならば言語と数理だけでよいのでは」「学際的な科目は教養教育ではないのか」等々。

これらの疑問に応えるには、大学教育（あるいは広く学校教育）の役割にさかのぼった考察が必要である。

それぞれの人間にとって、社会における生き方（職業はその中核である）の多様性と選択の自由はきわめて重要である。出自によって一生がほぼ規定されていた時代から、選択の自由が拡大されてゆく歴史的過程の中で「学校」が果たした役割は大きかった。学校は子供たちにとって知識を学ぶ場であっただけでなく、学校生活を通じて、人々の多様な生き方の存在を身をもって知る場であり、選択のための時間と機会が与えられる場でもあった。

大学についていえば、出自によらない職業選択の途が、おおむね聖職者、医師、法律家に限定されていた時代に生まれた西欧中世型大学から、エンジニア、官僚、経営幹部などに選択幅の拡大を保障した近代的大学への変化は周知の歴史的事実である。さらに、現代の大学は、ポスト工業化とも知識集約化ともいわれる先進国の経済社会に出現した多種多様な専門職、技術職、管理的職業、高度な対人サービス業等への人材供給をになうシステムとして機能するようになった。日本では、国勢調査における「技術的、専門的職業従事者」の数は一九七〇年の約三〇〇万人から現在の約九五〇万人に増え、全就業者に占める割合も五%から一五%に増えた（若年層ではその割合はさらに高い）。その内部構成の多様化、複雑化も著しい。そして、この間に日本の大学の大衆化、ユニバーサル化が進行したのである。多様で複雑な生き方の選択を行うための機会を提供する場は大学、特に学士課程教育に移されたというべきであろう。

こうして「学士課程」は、その教育を通じて、学生たちの将来の生き方を選択し準備するという役割を果たすことになった。それが、特定の専攻や職業から自由な（リベラルな）「リベラル教育」の場としての大学の役割である。そこでは「専門教育」といえども必ずしも将来の専攻や職業とは直結しない。それらが「アカデミックな学習の基盤」である限りにおいて、「教養教育」の一部に他ならないのである。

もちろん、従来の延長上で、後期中等教育修了の時点で職業選択の方向を確定する学生も相当数に上る。しかも、入学時に学部・学科の選択を要求される現行の日本の大学に広く見られる制度と教員の意識がその傾向を温存・助長している。ただ、その場合も在学中あるいは卒業後に異なる選択を行う可能性を保障する必要がある。専門的職業の多様化や、変動、「資格」の陳腐化はまさに現代の特徴であり、卒業後の長い人生における多様な選択の機会に備えた基盤的学力の保障が必要になる。すなわち、「職業教育」の場としての大学も「リベラル教育」の機能を、我々の再定義に基づく「教養教育」として準備しなければならない。（二五歳－六五歳の四〇年は、先に「技術的、専門的職業従事者」の変動に関して述べた一九七〇－二〇一〇年の期間と同じ長さであることに注目したい。）

〈いわゆる Generic Skills をめぐる課題とカリキュラム設計の重要性〉

中教審の「審議経過のまとめ」の中で「学士力」という表現が登場したことから、大学教育なかんずく教養教育の目標を、特定の学問分野の習得ではなく、一般的な資質・能力の開発におく傾向が表面化した。この傾向は、以前から「批判的思考能力」「課題発見能力」「課題解決能力」などの表現で内外の文書で主張されてきたものである。将来の多様な生き方を準備する「第一学位」という考えに立つ限り、そのような主張の重要性は理解できる。しかし、大学教育の中でそれらを目標とする教育を明示的に実行して評価するのは必ずしも容易ではない。現実に実行されることは、それぞれの教員が研究者として専攻する学問分野、あるいはその近接領域、に即して行う講義又は演習である。その結果として、学生たちは個別学問分野における修練の成果を受け取るのであって、抽象的に表示された「力」が獲得されたかどうかは明らかではないのである。

さらに、それぞれの学問分野は、固有の対象、方法、理論的枠組みをもっており、いわば相互に共約不可能な「パラダイム」をもつ。研究者は、あるパラダイムの中で生き、その中で限定されたテーマを自身が取り組むべき最も重要なものと考えて努力する存在である。そのような研究者の問題意識や活動のあり方が教育に浸透することは大学教育の特徴であり利点であるが、教員たちは、特別な場合を除き、学生たちの将来までを見通して異なるパラダイムのもとにある学問分野に対しても目配りをする余裕はほとんどないと思われる。したがって、初等中等教育における類似のケースと異なり、異なるパラダイムのもとにある複数の学問分野を学生に習得させ、さらに総合的能力を獲得させることは容易ではない。そこに「カリキュラムの設計」という課題が重要なものとして登場するのである。その内容については後で述べることにする。

2　学会を基盤とする教育評価活動の意義

〈評価の目的〉

「競争的環境」のもとで「大学全入時代」が到来しつつあるといわれる。その状況下で、受験界から労働市場に至る大学の外の世界による個別大学の学生たちに対する「評価と序列化」が行われ、大学の序列化を頂点とする学校制度が、荒々しい初期段階の「知識経済社会」における格差の拡大と再生産を助長している。しかも、その状況が社会における望ましい労働のあり方ではないことは、「高学歴ワーキングプア問題」「専門職の疲弊」などに見られる通りである。そのような状況を回避する方策を考え実行するのも大学人の責任であろう。

したがって、評価活動は、大学間の連携と競争の最適な組み合わせを通じた大学セクター全体の強化をはかることを目的とする活動の一部として位置づけられる必要がある。すなわち、評価活動を、大学の序列化ではなく、大学間連携の視点でとらえ、大学セクター全体の強化をはかる手段として取り組む必要がある。

〈学会的組織による評価活動の意義〉

「大学評価」について、重視されているのは、「第三者評価」という立場であり、評価における「価値の多元性」である。それは当然であるが、外部のステイクホルダーに対するアカウンタビリティを重視する評価だけでは教育の内容に立ち入る評価は困難である。そこで重要になるのがいわゆるPeer Reviewであり、現存の認証評価機関も常にそれを標榜している。しかし、学会を母体とするケースには、以下のような特徴がある。

「学会」では、構成員は研究者として平等であり、地位上の上下関係を可能な限り排除し、相互に対等な立場で討論を行うことが求められる。加えて、大学教育学会は、特定の専攻分野ごとに組織される通常の学会とは異なり、構成員は教養教育に従事する、あるいは強い関心をもつという意味では共通であるが、研究者としての専攻は多様である。したがって、Peer Reviewの問題点とされる評価者のコミュニティの専門性による等質性・閉鎖性を免れている。これらの平等性、多様性、開放性を保障する原則や特徴は評価活動においても貫かれるべきであろう。

〈評価対象をめぐる課題〉

大学に限らず、ある組織の活動を評価する場合、最低限以下の４分野が対象にならねばならない。

(1)組織の責任体制とそのパフォーマンス
(2)組織の構成員の資質と能力
(3)可視的な組織活動の構造とそのパフォーマンス
(4)組織の活動から生み出された成果

一般に(1)と(2)は外部からは不可視であり、企業などでは「裏の競争力」といわれることがあるが、次第に可視化の傾向にある。(3)と(4)は公開され、ときに数値化される。それぞれを大学教育に即して考えると以下のように整理されるであろう。

(1)教育の管理運営システムの企画力、組織運営能力、カリキュラム設計の基本方針など。いわば、教育の責任体制とそのパフォーマンス
(2)教育に関与する教職員の研究能力、教育能力、プログラム運営能力など
(3)カリキュラム、シラバス、業績リストなどの公表データ
(4)学生の学力的達成、入試競争力、就職状況など

現在、機関評価として重視されているのは主として(3)であり(2)はＦＤの対象として扱われているが、明示的には扱いにくい状況にある。(4)は受験や就職に関する情報として流布されるが、「学生の学力的達成」が当面のテーマとなっている。前述の「カリキュラムの設計」とも関連して、きわめて重要であり、すべてと関連する(1)については正面から取りあげられていない（企業の場合は、トップの資質、能力、戦略は評価対象の中で最も重要である）。

これらすべての要素について、大学とくに教員の過大な負担になることを回避しつつ評価活動を行う手法が必要になるだろう。それには、大学が定常業務として学生向けに刊行している履修要項、講義のシラバス、授業評価記録、自己評価報告書などについて、教育及び管理運営の現場経験の豊富な教員が検討・評価する方式を開発し、さらに、大学側との討論・対話を通じた相互啓発型の評価活動を行うことが必要だろう。将来、各大学における日常活動の記録や情報が評価活動の対象となることも考慮に入れた統一的な方式のアーカイブズとして整理されてゆくことが望まれる。

三、評価の対象となる教養教育の現状

四年制の学士課程教育の大学における教養教育は、いわゆる「大綱化」以降、大学審議会・中央教育審議会の方針の変化によって大きく影響されてきた。内容評価の対象とすることを念頭に置きつつ、その変化と現状を略述しておこう。

〈有機的に統合された学部教育の主張〉

一九九一年の「大学審議会答申」から「大学設置基準改定」に到る経過で強調されたことは、「一般教育と専門教育の有機的統合」による「学部教育」の確立であった。「有機的統合」を字義通りに理解するならば、構成要素である「一般教育」と「専門教育」の姿は不可視な存在となって「学部教育」の中に溶け込んでいることになる。その中から、教養教育に関わる部分だけを取り出して評価の対象とすることは困難である。さらに、「学部」という表現が「専門教育」と結びついていたため、多くの大学で教養部の廃止と教員の「分属」により、教養教育は学部専門教育に吸収されていった。

〈各大学の理念・目標に応じた教養教育〉

しかし、一九九六年頃から様子が変わり始める。大学審議会の一九九七年一二月答申「高等教育の一層の改善について」は、各大学の教育における「理念・目標」の明確化を求めるとともに、教養教育の重視を強調した。しかし、教養教育に関して大学間に共通する「コア」を見いだそうとする努力は実らず、「各大学の理念目標に応じた教養教育」が強調され、教養教育の多様化が進行した。多くの大学で、「専門基礎教育」と差別化された「共通教育」として導入したのが、いわゆる「主題別科目群」であった。

この時期、いわゆる「全学出動方式」が推奨された。二〇〇〇年頃になると、「教養教育」＝「課題発見型教育」という主張が中教審を中心に強調された。「全学出動」のもとでの「主題別科目群」では、内容の拡散が目立つようになった。この状況下では、達成度に関わる「内容評価」は事実上不可能であり、「システム評価」は不可避であったといえる。

〈流れの変化とリベラルアーツの強調〉

二〇〇五年の「我が国の高等教育の将来像」（中央教育審議会答申）が中間報告として開示される頃から、「大綱化」以後に大きく分散し、弱体化した教養教育のシステムと内容についての理解がやや変化を見せ始めた。すなわち、

(1)主に大規模な国立大学や私立大学において、「共通教育」（「コア・カリキュラム」の別名とも考えられる）が、その実施主体や責任体制とともに制度化されてきた。ただし、大部分の大学において教養教育の授業実施に責任をもってあたる教授団は教養部解体のあと復活せず、一部の例外を除き、権限や責任が限定された「機構」や「委員会」にゆだねられている。

(2)「導入教育」や「初年度ゼミ」の名称で「論述作文」や「アカデミック・ガイダンス」を行う大学が目立つようになった。

(3)「リベラルアーツ教育」の重要性が、各方面から主張されるようになった。しかし、「リベラルアーツ」を「教養教育」と等値するケースや、「教養教育のみを行う大学・学部教育」と理解されるケースなどがあり、人々の理解は必ずしも正確であるとはいえない。

(4)いくつかの大学において、既存学部を「リベラルアーツカレジ型」に改組する動きが具体化し始めた。

ただ、それらは、人文・社会系学部の縮少、合理化と結びつき、社会的認知も遅れている。

〈制約条件の現状〉

現実問題として、学士課程教育は、「専攻や職業の選択に先んじて必要なアカデミックな基盤づくり」だけでなく、「初等中等教育の補完と完成」という課題をも担わなければならない。「格差状況にある全入の時代」の問題点として整理しておこう。

(1)近年の中等教育修了者における入試準備のための学習の偏りと選択制による知識・学力のバラツキ。

(2)情報化技術の進歩による、ウェブ上の検索と学習の混同、古典的著作の精読や論述作文を中心とする学習の機会の減少。

(3)「教養部廃止」以後の各大学における基礎的学習の偏り（医工中心の国立大の人文学の後退、「私立文系」における科学リテラシーの後退、哲学、歴史学などの基礎的人文学分野の「絶滅危惧種化」など）。

(4)バブル崩壊期の労働市場に影響された「即戦力対応・実利志向の大学教育」への産業界の期待に対する過剰対応。

(5)先進国の知識の「輸入とキャッチアップ」の手段として発展してきた日本の大学の「いわゆる学部教育」における「専門」の硬直性。

(6)学士課程全体を扱うには適さない「学部教授会」の人事／カリキュラム決定の慣行。

外部の評価活動は、この状況を改善し、日本の大学における学士課程教育全体を強化するための重要な手段のひとつであることが期待される。

四．教養教育評価の対象となるべきテーマと課題

1　制度とその運営に関する情報

〈責任体制に関する諸問題〉

大学が、教養教育を立案し実行する「制度」あるいは「責任体制」に関する評価はやはり必要である。たとえば、

「全学の管理運営の中の位置付け」「カリキュラム」の立案と決定プロセス、「設置科目」の立案と決定、「科目担当者の人事」に関する基準と権限、「財政上の権限」、「評価」と「改善」に関する責任など。

最近、「共通教育機構」として開設される組織では教育学研究者の登用が目立つ。しかし、カリキュラムの設計と実行にとって必要であるのは、特定の分野の研究者として活動しながら、異なる分野の研究者とのコミュニケーションが可能で、新分野の開拓にも積極的なメンバーの活動であろう。当面、多くの大学では、教養部の復活はなく、アメリカの大規模大学に見られるようなリベラルアーツの教授団が組織されて活動する展望も小さいと思われる。その場合に、どのような組織によって、必要な役割が担われるかが重要である。評価を通じて明確な方向性を見出す努力が必要である。

〈カリキュラムの制度設計に関する把握〉

現在の教養教育は、「教養学部型」「大型総合大学における共通教育」「専門学部内における教養教育的科目群」「その他」など多様である。さらに、「初年度・前期課程集中カリキュラム」「前期・後期課程にまたがる、いわゆる楔形カリキュラム」「履修年次を特定しない選択科目群の開設」「その他」などに分類される。それぞれのシステムの必然性が検討され、評価の対象とすることが可能であろう。その際、以下のような視点が有益である。

ヨーロッパの古典的大学に見られたのは、プログラム完結時の総合的学力評価の重視であり、アメリカ型が広がった現在でも大学院では「学位取得」というゴールの明示として存在する。他方、アメリカで開発され日本の４年制課程で普及したのは、コースごとの達成を積み上げる単位制である。現状での「学士課程」「学士力」などの強調は、単位の「積み上げ」を主とする制度のもとで、「課程修了時の総合的学力」を「第一学位」とするというものであり、「リベラル教育」ということで専攻、職業による制約が外されていることをも考慮すると、カリキュラム設計という視点では単純ではない。そこで、

(1)「四年制の後半における専攻の絞り込み」として処理する多くのアメリカの総合大学のリベラルアーツカレジに見られるタイプ
(2)「個別科目のレベルを高めた全方位型」の育成を目指すアメリカの一部小規模エリート校のタイプ
(3)各科目の達成度は重視せず「専門ゼミ・卒論」に力点を置く日本の大学に見られるタイプ
(4)いわゆる「後期教養科目」として主題別・学際的科目を開設するタイプ

等々が生まれ、継続してきたわけである。

各科目の独立性が高く、積み上げと職業資格が直結する一部の職業指向の教育では問題は生じないが、その場合の「卒業」は学位取得ではなく資格取得というべきであろう。

各科目の達成度と学士としての総合的能力の達成との関係が明示的になるようなカリキュラムを設計することは必ずしも簡単ではないと思われる。その点を十分に意識してカリキュラム設計がなされているか、そのために、責任ある組織が検討と判断をどのように行うかが問題である。

〈カリキュラムの構造的内容に関する評価〉

カリキュラム設計に関する方針が明示されたうえで、以下のようなテーマに関する各大学の選択の必然性が問題になるであろう。

(1)「設置科目」の多様性とバランス
(2)「開講科目のクラスサイズ」と教育の効果についての意見と対策
(3)「担当者の適格性」を担保する方策と実現のプロセス（FDを含む）
(4)「教育評価の信頼性」の保障、とくに成績評価方法とその信頼性
(5)「学生の関与」の在り方（学生による授業評価を含む）

留意すべき問題としては、それぞれの学問分野の特徴を可能なかぎり正確に把握できる仕組みが必要である。

2　科目の内容に踏み込んだ評価をめぐる考察

〈評価の対象となる「科目」あるいは「科目群」の把握〉

それぞれの大学で開設されている多様な授業科目の中から「教養教育」として評価の対象とする科目群を選んで確定することが必要である。たとえば、

(1)大学が「共通教育科目」などとして、明確に区分されたカリキュラムを設定し、その中で設置されている科目群。

(2)カリキュラム上の区分は必ずしも明確ではないが、授業内容から見て教養教育としての役割が期待されている科目群。その中には、基礎教育的性格のもののほか、専門科目として開設されたものも含まれる可能性がある。

(3)上記に加え、「導入科目」「初年度ゼミ」「論述作文」「外国語科目」などとして開設される科目群。

〈開講科目の内容と開設方針に関する情報〉

(1)分野別科目について

「分野別基礎教育」の開設に関する方針と内容上の特徴、たとえば、専門基礎科目との共用を考慮したスキル重視か、教養教育を意識した概念形成重視か、などが問題になる。

「分野別概説科目」の開設に関する方針と内容上の特徴、たとえば、特定テーマへの集中による関心

の喚起か、網羅的解説を重視して全体像を与えるか、などが検討と評価の対象になる。

「学際分野の科目」の開設に関する方針と内容上の特徴としては、開設の必然性、聴講者に対する個別分野の知識の保証、教授適格者の選択などが問題になる。

上記に関して、専攻とは異なる科目群の履修の要求、学生の自由な選択の幅などに関する大学としての方針が重要なテーマである。

(2) 主題別科目・総合科目について

「低学年次における導入型主題別科目」の開設に関する方針と内容上の特徴（それぞれのテーマの必然性、教育目標の明確性、受講生に求められる条件など）

「高学年次における統合型主題別科目」の開設に関する方針と内容上の特徴（テーマの必然性、聴講者に対する個別分野の知識の保障、成果の確認など）

「複数担当者による総合科目」の開設に関する方針と内容上の特徴（各講義者の授業の統一性、全体を統括する責任者の確定とその活動形態、教育の成果の確認方法など）

企画から成績評価まで、授業の運営に関する配慮がどのようになされているかが評価の対象になる。

(3) 共通基礎型授業について

「論述作文」を課すクラスの開設数、クラスサイズと運営方針など、

「教養ゼミナール」の開設テーマとクラスサイズ、運営方針など、

「実験実習科目（体育を含む）」の教養科目としての位置付けと授業方法などが問題になる。

(4) 外国語教育、情報処理教育などに関する視点

これらは基本的なスキル教育とみなされ、教養教育から外す傾向がある。しかし、外国語教育における「異文化理解」の側面、「情報教育」における「情報倫理」や「人権」に関する側面は教養教育と重なる。そのような教育に関する取り組みが評価の対象となるであろう。

(5) 価値指向の教養科目

「平和」「人権」「倫理」などに関する教育や「社会奉仕」などは、知識だけに関わるものではなく、価値に関わる教育である。その企画と運営、教育目標の確認方法などに関する方針が重視される。

五.「学士課程・教養教育」としての「学習達成度評価」への論点：結びにかえて

職業選択や専攻分野の如何にかかわらず、「大学においてのみ可能なアカデミックな学習の基盤形成」として教養教育を再定義することで、学生たちの学習達成度の評価基準をも明示できるのではないかというのが我々の立場である。

現実のカリキュラムに対応するには、この表現をさらに具体化することが求められる。日本の大学の現状から、以下の四分野に即して考える必要があるだろう。

(1) 論理的思考活動の水準向上

言語と数学に関する学習と訓練が主な内容である。「論述作文」「初年度演習によるアカデミックな学習の基礎訓練」「数学」「情報処理教育（基礎的・批判的視点を含む）」などが相当する。

(2) 基礎的学術分野の基本概念と理論構造の習得

自然科学では「物理学」と「生物学」のような性格の異なる分野、人文学では「歴史学」と「哲学」、さらに「経済学」など、対象が異なり、方法上の特徴が際立つ分野の学習が必要であろう。それぞれの学問分野に固有の概念や構造をどこまで深く学ぶかがポイントである。

(3) 日本および世界の現実的課題の学問的追求

政治／経済や文化に関わる出来事を、分析手法とともに学ぶ機会が必要である。

(4) 学生自身の将来の進路選択に関わる基礎的な学習・訓練

専攻分野や職業選択に関わる「専門教育の基礎的分野」が中心となるが、高年次学生を対象とする、よく準備された「主題別総合科目」も必要である。

今後の課題は、二一世紀の現実と展望を考慮して、リベラル教育と職業教育のそれぞれに即した教養教育のモデルについて、責任体制を含めて提示することである。

謝辞

最後に、この課題研究の過程で研究と討論によって貢献された会員諸氏、とくに、寺﨑昌男、坂井昭宏、越前喜六、舘昭、秀島武敏の諸氏に感謝を申し述べたい。

第二章　初年次教育の現状と展望

山田　礼子
（初年次教育・導入教育研究委員会）

はじめに

日本における初年次教育は現在大変な勢いで広がってきている。特に、この十年間での急速な広がりには驚くばかりである。そうした広がりの背景としては、二〇〇八年の学校基本調査の結果速報によると進学率は短期高等教育機関を含めて五五・三％となっているように、高等教育の進学率が大幅に上昇していることが大きい。つまり、ユニバーサル化が急速な勢いで進行し、それに伴って、学力、動機、また考え方自体を含めて、学生が変容してきているといえる。こうした状況においては、特に、学生の変容を前提に、文科省による様々な教育のグッド・プラクティス事業が推進されているように、政策的な側面でも大きな変化がみられるようになっている。すなわち、大学をより教育を重視する場へと変革させるような政策である。

著者たちは、二〇〇一年に初めて全国の大学を対象に初年次教育がどのように受けとめられ学内で位置づけられているのか、どの程度広がってきているのかについての調査を実施したが、当時は初年次教育のなかにリメディアル教育も含まれているなど、初年次教育の概念や位置づけが定まっていなかった。初年次教育は単位を与えるような授業であるのかということについてもさまざまな議論がなされていた。当時においても驚いたことに八五％を越える学部において何らかの形で初年次教育が提供されていたが、実際には混沌とした状態のなかで定義も定まらないまま多くの大学が手探りで初年次教育らしき教育を提供していたと推察できる。

現在では状況はかなり異なってきている。例えば、二〇〇八年一二月に公表した答申『学士課程教育の構築に向けて』（中央教育審議会答申）のなかでも、初年次教育は「高等学校や他大学からの円滑な移行を図り、学習および人格的な成長に向け、大学での学問的・社会的な諸経験を成功させるべく、主に新入生を対象に総合的につくられた教育プログラム」あるいは「初年次学生が大学生になることを支援するプログラム」として明記され、初年次教育として「レポート・論文などの文章技法」、「コンピュータを用いた情報処理や通信の基礎技術」、「プレゼンテーションやディスカッションなどの口頭発表の技法」、「学問や大学教育全般に対する動機づけ」、「論理的思考や問題発見・解決能力の向上」、「図書館の利用・文献検索の方法」などが重視されていると言及されるように、初年次教育が学士課程教育のなかで正規の教育として位置づけられていることが示されている。

大学教育学会は、設立以来、学士課程教育に早くから焦点を当てながら、教育課程、教育方法、そしてFDにおいて常に先導的な役割を果たしてきたといえる。大学教育学会の課題研究として取り上げられた課題の成果が現在の大学教育の新たな地平に影響を及ぼしていることも多い。初年次教育も大学教育学会の課題研究としてスタートして以来、委員会の設置期間およびその後の活動を通じて、初年次教育という新たな領域の発展に先導的な役割を果たしてきたといえるのではないか。そこで、本稿では、大学教育学会を通じての課題研究の軌跡を振り返り、次に日本の初年次教育が直面する課題と展望について述べることにする。

一・初年次・導入教育[1]に関しての大学教育学会の関心と活動

初年次・導入教育委員会の委員は、大学のユニバーサル化のなかで、学生が変わりつつあること、そしてアメリカでの調査研究から、高校から大学への移行期を支援する目的で導入されている初年次教育（アメリカではファーストイヤー・エクスペリエンスあるいは個別の授業としてファーストイヤー・セミナー）が日本の初年次生にも効果的ではないかと考え、かつ所属する大学機関での実践にも関わってきた。そうした経験から、初年次教育研究の蓄積を図りながら、かつ会員に初年次教育の意味を伝え、その理論や、方法等を共有するような組織的な機会が必要であるという認識のもとで、委員会の設置について濱名篤関西国際大学長を中心に企図した。そして、大学教育学会においては、二〇〇四年から初年次教育・導入教育委員会（濱名篤委員長、田中義郎（〜〇六・四）、山田礼子、川嶋太津夫、川島啓二、中村博幸、吉田智行、近田政博、杉谷祐美子各委員）を設置し、初年次・導入教育の大学での普及を目指し活動を開始した。

二〇〇四年六月に実施された大学教育学会大会においては、ラウンドテーブルを開設し、初年次教育・導入教育を先駆的に導入している大学の事例を元に「初年次教育・導入教育の方法」というテーマで、発表者とフロアの参加者との間でのインタラクティブな議論を行った。こうした活発な議論を踏まえて、同年の秋に実施された課題研究集会では、「高校教育の多様化の進行と初年次教育・導入教育の課題」というテーマでシンポジウムを行い、多くの会員に初年次教育・導入教育を大学において設置することの背景についての問題の確認を行った。

二〇〇五‐〇六年度においては、引き続き委員会を主体に課題研究集会で、「初年次教育・導入教育のアイデンティティ――キャリア教育と学士課程教育との関係を考える――」というテーマでシンポジウムを提供した。

二〇〇六‐〇七年度においては、委員会の締めくくりとして本委員会による初年次教育・導入教育GPの選定を試行として行った。なお、大学教育学会課題研究集会のプレカンファレンス・ワークショップとして、海外からの講師による「アクティブ・ラーニングの方法」と「教養教育・学習支援の組織体制づくりと人材養成」をはじめ国内の講師による三つのワークショップを提供した。二〇〇六年に金沢大学で行われた課題研究集会では、本委員会の委員による三つの研究報告に加えて、「学士課程教育に初年次教育をどう組み込むのか」というテーマでシンポジウムを開催し、活発な初年次・導入教育の議論を展開した。シンポジウムⅠの内容は、『大学教育学会誌』第二九巻第一号に詳細が掲載されているので、内容については『大学教育学会誌』をご覧いただきたいが、本稿ではそれぞれの発表者名とテーマのみを紹介することにする。

一．「学生パネル調査から明らかになった日本における初年次教育の可能性」：白川優治
二．「大学機関調査からみた日本における初年次教育の可能性と課題」：山田礼子
三．「日本の初年次教育・導入教育GP選定の試み」川島啓二
四．「初年次教育はいかに（アメリカの）学士課程教育改革に影響したか」ランディ・スウィング
五．「初年次教育・導入教育・キャリア教育・リメディアル教育との関係〜学士課程教育の観点から〜」濱名篤
六．「初年次教育のための組織体制づくり」山田礼子
七．「初年次教育の評価をどうするか」川嶋太津夫

諸氏による七本の研究および委員会報告に引き続き総括討論という活動の締めくくりとしてふさわしい内容を提示することができた。

このように三年間にわたる委員会の活動がまとめられ、委員会の活動を一旦閉じることになったが、委員はその後もそれぞれが初年次教育の研究の推進や実践に深く関わり続けている。実際に、委員を中心とした研究成果は二〇〇六年には『初年次教育〜歴史・理論・実践と世界の動向』（濱名篤、川嶋太津夫編著、

丸善株式会社）が刊行され、二〇〇七年には翻訳書『初年次教育ハンドブック――学生を「成功」に導くために――』（山田礼子監訳、丸善株式会社）が刊行されている。

二〇〇七年の大学教育学会課題研究集会では、本プログラムに先立って、濱名会員と筆者の合同で初年次教育ワークショップを開催した。内容は、初年次教育の導入・開発・展開に必要な準備、教育プログラムづくり、教育方法、FD、評価などのやり方であった。初年次教育を自大学でこれから導入したい、あるいは、導入しているが改善をしたいと考えているといった会員各位に参加していただき、初年次教育で多用されるアクティブ・ラーニング方式で、参加者の抱える課題についての実践的な課題解決の機会の提供という目的であったが、参加者が一二〇名を超えるなど、学会員の初年次教育への関心の高まりを再認識した機会となった。初年次教育の内容、評価や測定方法、組織作り等を扱っているワークショップには参加者が主体的に参加し、学習する方法を会得するだけでなく、FDの在り方としても利用できるという効用がある。FDが二〇〇八年から学士課程においても義務化されることを契機に各大学はFDをどう実質化するかという課題に直面している時期に、初年次教育ワークショップはFD研修の方法としても参考になったのではないだろうか。

以上が大学教育学会において設置された初年次・導入教育委員会（二〇〇四〜二〇〇七）のおもな活動である。過去五年間の活動を振り返ると、初年次・導入教育委員会の活動を通じて、初年次教育と導入教育、その他隣接諸プログラムとの概念整理を行い、学士課程教育の中での初年次教育の位置づけ等を明らかにすると同時に、初年次教育の特徴、教育プログラム、教育方法、評価についての体系的な情報収集・

整理、国際的な動向を踏まえつつも日本での展開についての可能性、についての検討が行われた。さらには、こうした知見に基づくGP選定の試行も行い、今後の本学会にとって初年次教育領域についての研究と実践についての基礎固めが達成でき、会員各位の理解促進を図ることができたと委員一同感じている次第である。

それでは、次にこうした啓蒙と基礎固めの過程を経て、現在冒頭で挙げたように初年次教育が新たな段階に入ったとみなされる現状について次節では検討してみよう。

二．初年次教育の現状

初年次教育の現状分析をする際に、アメリカで二〇〇五年に公刊され、日本でも二〇〇七年に翻訳書として公刊された『初年次教育ハンドブック』のなかで指摘されている初年次教育の現状を把握するための枠組みを参考に検討してみる。第一に、「大学初年次に関する学内、国内、国際的規模での議論と活動が増大した」という点については、**表1**をご覧いただきたい。表1は二〇〇一年に実施した調査と二〇〇七年調査[2]との初年次教育の実施率に関しての比較を示している。二〇〇一年調査では、学系別に見た場合、理工系と社会科学系の導入比率が高く、文系等では導入率が低い傾向を示していたが、二〇〇七年調査では学系間の差がなく、一様に拡大していることが見て取れる。いわば、初年次教育が分野に関係なく導入され、日本の高等教育界の意識に根付いてきていることを示している。その間の議論の活発化については、大学教育学会における実際のシンポジウムやワークショップへの個人会員や機関会員の熱心な参加度合に反映されている。

こうした拡大要因のひとつとして、濱名が指摘しているように、初年次教育の概念の整理が行われてきた結果、初年次教育の概念の混乱が収束したことが挙げられる。中教審の答申でも、初年次教育に特別の配慮を払うことが肝要であるとの指摘がなされているが、初年次教育がプログラムとして大学内に位置づけられつつあることを示しているのではないか。

次に「大学初年次に関する研究と学識が拡大した」という点を検討してみる。ここでは、二〇〇八年に設立された初年次教育学会における発表の動向を検討してみる。初年次教育の研究においてはマクロベース研究が調査等にあたり、ミドルベース研究はカリキュラムあるいはプログラムの中身、さらに、マイクロベース研究は授業方法、ペダゴジーといった小さな単位で見るような研究として認識されるが、大会の発表動向からは、初年次生に関する全国的データを利用しての研究などのマクロレベルでの研究、個別大学での初年次カリキュラムや分野別での初年次教育などのミドルレベルでの研究、初年次教育クラスにおける教育実践や教育方法等のミクロベースでの研究が蓄積されつつあることがわかる。テーマとしては、理論や方法、評価、効果、学生の成長、適応、アイデンティティ、教授法、スタディ・スキルズの獲得といったよう

表1　初年次教育の実施率（%）

	人文系	社会系	理系	その他	計
2001年	76.1	84.9	86.7	73.2	80.9＊
2007年	96.7	96.3	98.0	96.2	97.0

＊．＜05

なものがキーワードとしてあげられるが、第一回、第二回大会でもこれらをテーマにした発表が多く見られる。

研究発表の中でも、教授法という点に焦点を当ててみると、協働学習やサービスラーニングの方法、チームティーチングなど、アクティブ・ラーニング方法に関する発表や学会として提供しているワークショップの参加者も多く、こうしたワークショップに参加した教員や職員が自大学にその方法を還流することを考えると、初年次教育の教授法に関する学識も徐々に広がっていく過程にあるといえるだろう。

次に、初年次教育の内容に焦点を当ててみる。二〇〇七年調査においては、初年次教育の内容を、①スタディ・スキル系、②スチューデント・スキル系、③オリエンテーションやガイダンス、④専門教育への導入、⑤教養ゼミや総合演習など、学びへの導入を目的とするもの⑥情報リテラシー、⑦自校教育、⑧キャリア・デザイン[3]として定義し、初年次教育ではどの内容を提供しているかを尋ねている。回答から、初年次教育の内容として、オリエンテーションやガイダンス、スタディ・スキル系、情報リテラシー、専門への導入が定着していることが判明した。また、「学びへの導入」や「キャリア・デザイン」も正課内での初年次教育として位置づけられていることも判明し、初年次教育の内容が二〇〇一年調査と比較すると幅広くなってきていることが確認された。一方でスチューデント・スキル系、自校教育を初年次教育として位置づけている比率は下がる。ディプロマ・ポリシー、カリキュラム・ポリシー、アドミッション・ポリシーを立てる際に、建学の精神を核とする自校教育は、三つのポリシーを関連づけるベースにもなるということ、学生の薬物問題や自尊感情（セルフエスティーム）も大学での適応に関係しているという指摘がある今日、こうした側面を今後どう展開していくかを注視していく必要がある。

三．初年次教育の課題

次に、初年次教育が直面する問題を検討してみよう。二〇〇七年に実施したワークショップにおいて、初年次教育をなぜ導入するのかを参加者に尋ねてみたところ、「中退率の対策として」、「学生の学力低下対策として」、「学習技術を教えるため」、「学生の学習目的・学習動機対策として」、「学生満足度アップのため」、「学生の多様化への対応のため」、「教育改革の一環として」、「FDとして有効だから」、「学力格差が拡大しているから」、「動機の格差が拡大しているから」等が代表的な答えであった。初年次教育が拡大し始めた時期では「学力低下や動機の低下への対処」、「中退率を低下させるため」といった回答が代表的であったが、現在はそれらに幅の広い理由が加わっていることに気づかされる。

現在ある大学の規模や、分類も一様ではないことから、初年次教育のニーズも一元的ではない。それゆえ、初年次教育をめぐる状況は「多様化の多様化」と呼ぶことができるのではないか。

「多様化の多様化」というみかたに立脚して、初年次教育が重視する内容を、二〇〇一年調査、二〇〇二年アメリカ四年制大学調査[4]、二〇〇七年調査を比較してみると、日本の大学で初年次教育の内容の重視度および期待度が高くなってきていること、アメリカのほうがいずれの内容への重視度および期待度得点が低いことがわかる（**表2**）。特に、二〇〇七年のデータから、日本の大学においては、学生生活における時間管理や学習習慣の確立、受講態度や礼儀・マナー、学生の自信・自己肯定感の重視度が大幅に伸張している。つまり、日本ではスチューデント・スキル面への期待度が高くなっていると も言い換えられ、今後、自校教育や自尊感情の醸成といった側面を初年次教育を通じてどう展開していくかといった先述の指摘と整合的である。

日米の内容についての共通要素としては、学習支援と情報スキル、情報スキル、つまりITが挙げられ、基礎的な学習として定着している。補習教育的要素も日米の共通要素である。一方、日米の差に

表2　初年次教育内容で重視する内容（5件法による平均値）

	2007年（日本）	2001年（日本）	2002年（米国）
レポート・論文の書き方などの文章作法	4.69	4.62	4.15
図書館の利用・文献探索の方法	4.57	4.36	4.22
コンピュータを用いた情報処理や通信の基礎技術	4.69	4.49	3.47
プレゼンテーションやディスカッションなど口頭発表の技法	4.43	4.43	3.90
読解・文献講読の方法	4.29	4.22	3.87
フィールド・ワークや調査・実験の方法	3.78	3.77	3.23
論理的思考力や問題発見・解決能力	4.47	4.40	4.05
新しい考えや他人の価値観を認める寛容性	4.29		
国際性や世界観	4.06		
社会的文化的多様性の理解	4.07		
自立した自己学習の基礎	4.63		
学生生活における時間管理や学習習慣の確立	4.50	3.66	4.00
将来の職業生活や進路選択に対する動機づけ・方向づけ	4.28	3.97	3.60
情報収集や資料整理の方法とノートの取り方	4.39	4.03	
(2001年、2002年は情報収集とノートの取り方に分割)		3.60	3.56
学問や大学教育全般に対する動機づけ	4.45	4.40	4.19
受講態度や礼儀・マナー	4.42	3.93	3.14
入学への帰属意識	3.86	3.47	4.35
友人関係の拡大と充実	4.28		
教員との適切なコミュニケーション能力	4.38		
チームワークを通じての協調性	4.22	3.47	3.98
リーダーシップ	3.87		
社会の構成員としての自覚・責任感・倫理観	4.28	3.93	4.16
地域社会への理解と参加	3.89		
学生の自信・自己肯定感	4.24	3.95	3.79

ついては、日本では学生生活スキルの支援、マナーなどが重視されているが、アメリカでは転換期の支援型、しかも学習スキルをその中に組み込んで積極的に学内施設を利用、図書館などを利用しているということが特徴として挙げられる。

さらに、日米の二〇〇一年、二〇〇二年調査から、日米両国の初年次教育の普及率についてはほとんど差がないという結果となっているが、初年次教育を受ける学生に関する学力や学習動機などについてみると、日本の大学の教員は全ての項目での評価が悪化していると答えている一方でアメリカの教員は現状維持あるいは改善しているとみなしていることが判明した。とりわけ、日本の教員の回答において、学習関連項目の悪化が目立っている。日米両国の学生の学力を共通に測定することは不可能であることから、両国における学習に関する方法やペダゴジーといったミクロな側面を検討してみることにする。

四．中等教育と高等教育における教育方法での非接続性

現在、高大接続への関心が広がりつつある。特に高校卒業程度の学力を保証するために高大接続テストの導入に向けての議論が活発になってきている。本節では、学力の測定という視点からではなく高校と大学における獲得する力にむけての教育方法やペダゴジーといった視点から高大接続を考察してみよう。表2では、レポートの書き方やプレゼンテーションについて日本の大学がより重要度が高く示されていた。その要因を考察する際に、日本の大学で求められるレポートの書き方やプレゼンテーションの

経験が日本の中等教育でそれほど経験する度合いが高くないということを注視する必要がある。大学で学生が期待する学生が身につけるべきレポートの書き方は、分析型、問題発見型、問題解決型、あるいは探求型である。一方、筆者が今までフォーカスインタビューをした内容を要約すると、多くの高校生はセンター入試や個別大学での論文試験対策として、小論文を経験することも少なくないが、事実認識型、要約型、感想型といった類型に分類される。また、プレゼンテーションの機会も少なく、高校教育を通じて論理力涵養、問題発見や問題解決の機会を経験することはあまりない。推薦入試やAO入試の普及により、入試が学力測定として機能していないという批判もあり、事実そうした側面は強い一方で、地方公立進学校や中堅の公私立進学校では、大学受験への対処として、知識注入型の学習が多く実施されている。つまり、論理力、問題発見・解決力といった目標に向けての教育方法であるとされるディスカッションやプレゼンテーションの機会あるいは、レポートなどを書く機会が少なく、この面での高等教育と中等教育との接続性はあまり見られない。

一方アメリカでは、初等教育から中等教育までをK12そして高等教育までを含めるとK16とあらわされるように、幼稚園から大学まで、基本的に子どもたち、生徒、学生が身につけていくべき中身というのは一貫性があるものとして捉えられている。そのため、初等教育から高等教育までの教育目標において大筋での一貫性がみられ、ペダゴジーなどもそれに合わせて導入されている。

初年次生を対象に実施した私学高等教育研究所の調査[5]のなかに、初年次教育を受けて役に立った教育方法や授業形態についての項目があるが、「プレゼンテーション」や「グループ・ディスカッション」

など、アクティブ・ラーニングの範疇に入る教育方法が「役に立った」と評価している比率が高くなっている。もし学生がこうした方法を高校教育あるいは中等教育の段階で充分に経験していたとすれば、果たしてこういう高い比率になったかは疑問である。

五．アメリカにおけるＡＰプログラムの存在

アメリカでは先述したようにＫ16という枠組みで教育制度が捉えられつつある。その際、初等、中等、そして高等教育を通じて、たとえば、論理的思考の醸成、問題発見、解決力の育成が共通の目標として掲げられているとすれば、そうした力やスキルを育成するに適しているとされるディスカッションやプレゼンテーションといった教育方法や形態は初等、中等教育を通じて導入され、児童や生徒が経験することになる。

さらには、高校に在籍しながら大学レベルの授業を受講するというような制度も取り入れられている（ＡＰプログラム）。ＡＰ（Advance Placement）プログラムとは、高校に在籍しながら大学レベルの授業を受講し、その授業を修了すれば大学レベルでの単位取得をできるプログラムを指し、非営利団体であるカレッジボードが運営し、ＴＯＥＦＬなどを実施しているＥＴＳ（English Testing Service）が実施している。

ＡＰプログラムを通じて取得した単位は大学入学後に卒業に要する単位として換算されることも可能である。ＡＰプログラムは一九五二年に始まり、カレッジボードが提供するＡＰプログラムのサービス

はアメリカ国内の高校および世界二四カ国の高校で利用されている。高校に在籍しながら、大学レベルの授業を履修し、その単位認定の試験に合格することで大学レベルの単位取得ができる制度がＡＰプログラムとまとめられる。

モチベーションの高い高校生なら誰でもアクセスができるということの制度を通じて、高校に通学せずにホームスクーリングを受けている若者もＡＰ科目の受講と試験を受けることもできる。

ＡＰ科目を履修する高校生にとってのメリットとして、第一に早期から大学レベルの授業を履修することで大学での学習レベルに慣れることができる、第二に作文技能を改善し、問題解決技能を修得することができる、第三に高次な大学の授業内容に挑戦することで大学での学習習慣が高校に在籍しながら修得することができるといった点が指摘されている。ここでＡＰプログラムへの参加がもたらす効果を学生と大学という側面からより詳細に検討してみる。

大学への入学志願の段階において、生徒がアドミッション書類を提出し、アドミッション審査を受ける過程において、もしその生徒がＡＰプログラムを受講していたならば、大学での学習への準備が整っていると前向きに評価されることにつながる。次に、高校で学ぶ科目とは異なり、学識が深く、詳細な内容で構成されている科目を学習することができ、論理構成・分析するという大学での根幹となる学習の過程に関わることで、良いスタートを早期から切ることができるという効果がある。すなわち、高校生でありながら大学レベルの科目を受講し試験に合格することがその生徒が学習上で優れているという証明として機能することで、大学にとっては大学に適応する可能性の高い学生を入学予備軍として確保することにもなる。近年、連邦政府やアクレディテーション団体から従来以上にリテンション率や卒業率を上げることが厳しく求められている高等教育機関にとっては、費用対効果やリスク管理といった視点からも大学に適応する可能性の高い学生確保は不可欠であるといえよう。

ＡＰプログラムは、本来優秀な生徒に早期から大学レベルの科目を履修させることで大学への適応を支援するいわばエリート教育の一類型であったが、最近では「ＡＰプログラムに参加を希望する生徒は誰でも挑戦できる」というように大学進学を希望する生徒は誰もがアクセスできるようなプログラムに変容してきている。さらには、従来ＡＰコースは高校の最終学年を対象にしていたが、現在ではそれ以外の学年の生徒も参加するなど対象学年が拡大する傾向にあり、事実、高校低学年次生徒の履修率が全履修生徒の五割程度を占めている。

しかし、ＡＰプログラムの展開と普及には落とし穴があることも事実である。つまり、高大接続といった点か

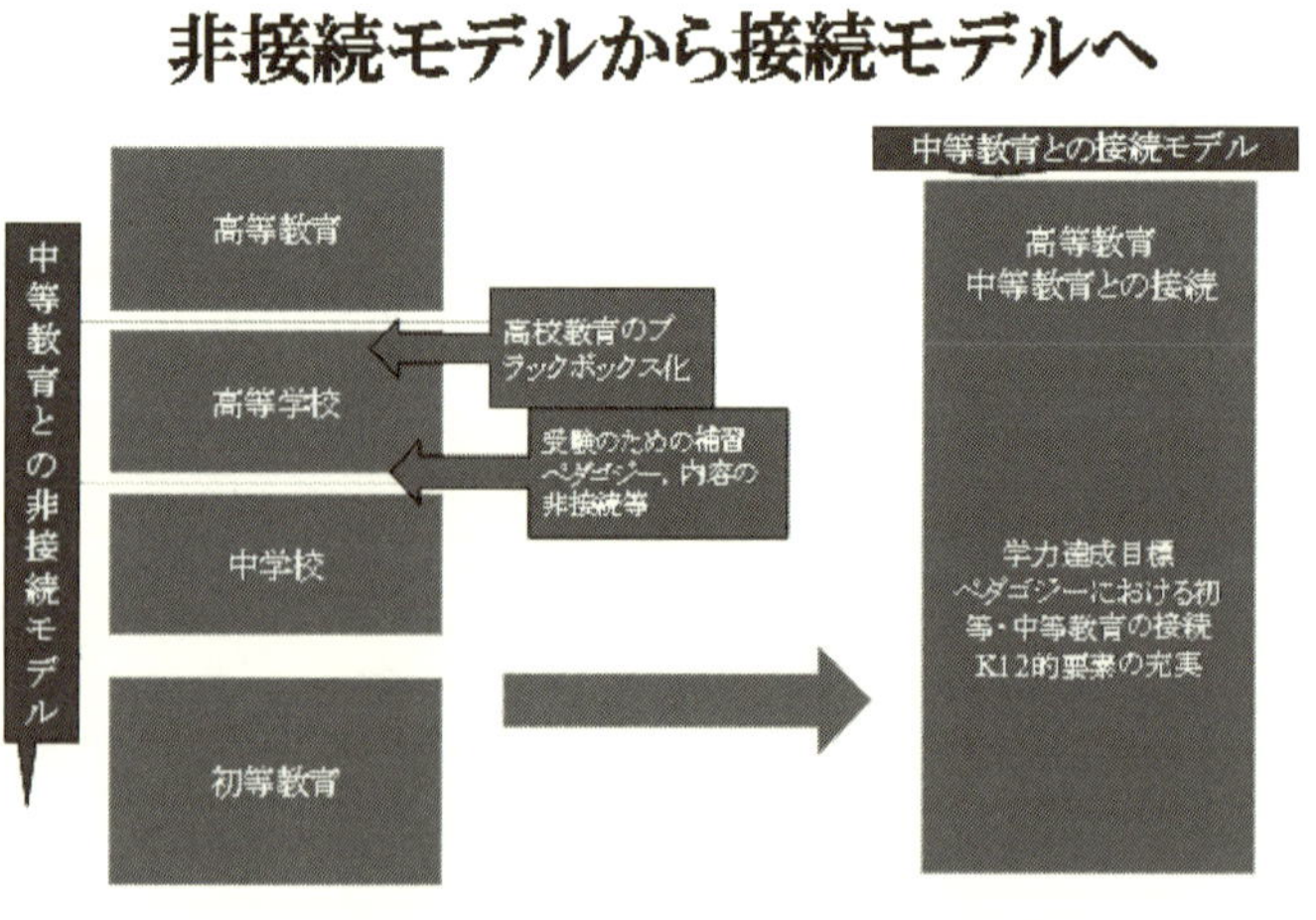

図1　教育方法・目標における高大接続モデル

らみれば、どこまでが高校(中等)教育であり、どこからが大学教育であるのかが不透明になる危険性を伴っている。動機付けの高い生徒はよりAPコースに挑戦するが、その年齢が年々低学年化することで、高校、中等教育の空洞化といった新たな問題が浮上していることも否定できない。

しかし、K16という枠組みをベースとして、大学で養成していくべき学生の成果を検討する際には、APプログラムの果たす役割は決して小さくないのではないだろうか。

アメリカでのK16という枠組みは、日本の中等教育と高等教育との接続という問題を振り返りながら、改善していくうえで、参考になる点も少なくない。

前頁に図示しているように、高等教育と中等教育との接続、学力達成目標、ペダゴジーにおける初等・中等教育の接続、K12的要素の充実、そしてこれを踏み台として見るとK16的要素を充実させていくことも、日本における初年次教育や学士課程教育のなかで考察していくべき点ではないかと思われる。

六．初年次教育の多様化

初年次教育が拡大・普遍化という第二ステージにかかってきていることは疑いの余地はない。その過程のなかで、初年次教育についても大学教育学会の研究会活動を通じて、概念の整理を行い、方向性や教育方法、理論などの共有を図ってきた。しかし、そうした拡大化の一方で、初年次教育そのものの多様化にも目を向けていく必要がある。「学力格差の拡大」や「動機の多様化」を取り上げて、初年次教育をどの層に合わせて設計するべきかという論点を提示する大学も増加するようになってきた。中等教育と高等教育の接続問題において、大学で初めてプレゼンテーションやディスカッション、問題解決型のレポート執筆などを経験する学生が多い一方で、少数ではあるが中等教育段階でこのような教育方法や形態をかなり経験した学生も存在するようになってきている。こうした学生が授業終了時の授業評価アンケートで、「初年次教育の授業内容は既に高校で学んできており、再度学ぶ必要があるのか」といった疑問を提示することもある。既修者や入学当初から大学院進学を視野にいれて、高いステージで学びたい、あるいは正規留学を視野にいれて高度な内容を英語で学びたいというモチベーションをもつ学生をどう伸長させるかといった視点での初年次教育の構築にも視点を向ける必要があるのではないか。また、初年次教育も大学の形態や構造あるいは専門分野によって多様であり、専門分野や大学の類型別の初年次教育のプログラム開発も求められるようになっている。初年次教育が「多様化の多様化」にどう対処していくかは現在直面している大きな課題であるといえる。

おわりに

「多様化の多様化」段階では新たなニーズに対してのプログラムの開発や類型化に着手していかねばならないが、その前提として、初年次教育の実践や研究実績の蓄積を十分に行い、それらを共有していかねばならない。

初年次教育の方法、評価、初年次教育を学内で進めるための組織基盤の整備を充実することが求められ、ネットワークを通じての情報交換の需要はより高くなりつつある。正規教育課程に初年次教育を組み入れる機関は増加してきてはいるが、実際に初年次教育内容と評価の問題といった授業関連要因と担当する教員の意識の差や力量の差といった教員要因、およびそれに付随した学内での理解がなかなか得られないといった学内での認知不足という現状を改善することは容易ではない。教授法にアクティブ・ラーニングをどう取り入れるか、初年次教育の進め方についての困難性は教員のFDにも関連しており、今後はFDの推進とかがみ合わせで初年次教育も進展させていかねばならない。同時に、初年次教育の効果の測定方法については、アメリカにおいても常に論議されているが日本においても初年次教育が普及し新たな段階に入った現在、さらに情報を交換し、グッド・プラクティスを参照しながら、効果の測定や評価方法についての研究や実践の蓄積を進めていくことが求められている。このように見てくると、今後は、様々な大学教育のディシプリンを持ち、FDやSDに先導的な役割を果たしてきた大学教育学会の知見を、「多様化の多様化」段階に入りつつある初年次教育に活かしていくことが今以上に求められよう。特に学士課程教育という概念を整理し、明らかにしてきた大学教育学会では、学士課程教育に不可欠な教育として初年次教育を位置づけてきた。今後は、そうした位置づけを確認しながら、初年次教育と学士課程教育の関係を発展的・整合的に形成し、考察していかねばならないだろう。

注

1　課題研究委員会が発足した当初は、初年次・導入教育というように呼ばれていたこともあったが、濱名篤氏が「初年次教育・導入教育・リメディアル教育・キャリア教育」『大学教育学会誌』第二九巻、第一号、三六－四一頁で指摘しているように、現在導入教育は初年次教育という包括的な概念の一部として位置づけられている。その結果として、初年次教育が総称として使用されている。

2　二〇〇一年調査は、私学高等教育研究所の導入教育班が四年制私立大学一一七〇学部を対象に実施し、六三六学部より回答を得た。二〇〇七年調査は、国立教育政策研究所が国公私立大学一九八〇学部を対象に実施し、一四一九学部から回答を得た。

3　①②③④⑥⑦⑧は具体的に次のような内容である。①レポートの書き方、図書館の利用法、プレゼンテーション等）、②学生生活における時間管理や学習習慣、健康、社会生活等、③フレッシュマンセミナー、履修案内、大学での学び等、④初歩の化学、法学入門、物理学通論、専門の基礎演習等、⑥コンピュータリテラシー、情報処理等、⑦自大学の歴史や沿革、社会的役割、著名な卒業生の事績など、⑧将来の職業生活や進路選択への動機づけ、自己分析等。

4　著者がアメリカの四年制大学一三五八校を対象に実施し、四六三校が回答した。質問項目は二〇〇一年調査とほぼ同じである。

5　二〇〇三年に私学高等教育研究所の導入教育班が先進的初年次・導入教育を実践している全国の八大学の初年次生一六三二人を対象に実施した調査。

第三章　学士課程における理系基礎教育をどのように立て直すか？

小笠原　正明
（学士課程における理系基礎教育研究委員会）

はじめに

教育政策の変更は往々にして思わぬ結果をもたらす。一九九一年に行われた大学設置基準の大綱化が日本の大学の理系基礎教育に与えた影響などはその典型だと思う。大綱化の目的は教養教育と専門教育に分断されていた学士課程教育を再編し、連続した一貫性のあるカリキュラムを作って強化することだった。しかし多くの大学は九〇年代いっぱいまで教養教育の担当教員の所属をどうするかという問題に忙殺され、理系基礎科目については旧一般教育科目を多少手直しする程度で済ませていた。そのうち「理科離れ」が進み、大学の教育現場が難しくなるにつれて二つの新しい傾向があらわれた。一つは基礎科目を共通教育の枠組みからはずしてそれぞれの学部学科のカリキュラムに取り込む方向であり、もう一つは科目そのものをカリキュラムから削除する方向であった。前者の場合でも専門に直結した基礎科目に絞り込んだ上で取り込むのが普通だから、いずれにしても基礎教育がやせ細るという結果になった。

二〇〇〇年代に入って、少子化とそれに伴う全般的な学力低下、大学教育のアウトカムに対する社会的批判など、基礎教育をとりまく環境はますます難しさを増してきた。ちょうどそのころ北海道大学のグループは、理系基礎教育の改善のために手分けして組織的に海外の大学の訪問調査を続けていた。調査を重ねるにつれてこの分野の教育に関する限り我が国の大学は欧米、特に米国の大学に大きく立ち遅れていることを痛感するようになった。その遅れは単に教育の制度や習慣の違いで説明できる程度のものではなく、高等教育戦略の欠陥ないしは欠如によるものであることがはっきりしてきた。我が国の大学は、全体としてエリート段階からマス段階に移る過程で適応不全を起こし、世界の大学に水をあけられつつある。私たちは早急に理系基礎教育のカリキュラム、教育支援システム及び教育インフラ等について問題を整理し対策を立て戦略的に改革を進めなければならないと思った。

そこで秀島武敏会員、松岡正邦会員および吉永契一郎会員とチームを作って理系の基礎教育の現状に危機感をいだく会員に呼びかけた。幸い二〇〇六年度から「学士課程における理系専門基礎教育」が本学会の課題研究の一つに採択され組織的な研究が可能になった[1]。このエッセイは、三年間にわたり延べ四回開催されたシンポジウムで議論された内容を私なりに要約したものである。

一．教育分野の問題

大学における理系基礎科目とは旧一般教育課程で自然科学分野に分類されていた物理学、化学、地学及び生物学のいわゆる「物化生地」の四科目に数学（代数学及び幾何学、微分積分学等）を加えた科目群を指す。これらの科目は戦前の旧制高校・大学予科のカリキュラムに起源を持ち旧制中学校の科目とも対応しているので、もともと中・高等教育における伝統的な「普通教育」の科目といえる。いずれもリベラル・アーツ系の根幹をなす「サイエンス」の科目であり、それぞれの専門学科は伝統的大学の理学部の中核をなしている。このエッセイで取り上げる教育分野はこれら理系基礎科目と関係しているが、必要に応じて他の理系分野あるいは文系分野についても言及する。

ただしここで言う「理系基礎科目」には対応する英語が無いことをつけ加えておきたい。「理系」にはnatural sciencesという英語をあてて良いとしても、「基礎」をbasicとすると両方合わせてbasic sciences（入門科学各論）になり、日本語のニュアンスと相当違ってくる。日本では「基礎」という言葉にはpureまたはacademic disciplineという意味がある。ここでは便宜的に理系基礎科目を「学士課程前半における自然科学系分野の科目」と定義しておく。

さらに日本における「学術分野」の分類は国際的なacademic disciplineの分類とかなり違っていることに言及したい。この違いは理系のカリキュラムを編成するときに無視できない問題として浮上する。国際的な分類は学問の体系性ないしは対象の違いによってなされているのに対し、日本学術会議の専門委員会は基本的には現に存在する機関の学部・学科ごとに分類されており、結果として academic discipline と professional discipline が混在する形になっている。国際的に認知された理系の academic discipline は多少流動的であるが、おおよそ以下のように分類されている。

生化学・分子生物学	発生生物学	進化生物学	遺伝学
微生物学	神経生物学	植物学	疫学
免疫学	病理学	薬学	生理学
天文学	化学	計算機科学	物理学
材料科学・工学	数理・統計		

工学は応用的かつ総合的と思われているが、それは日本に固有の事情で、国際的な分類では engineering は材料科学とペアになって academic discipline の一つに数えられている。一九八〇年代から九〇年代に我が国で全国的に行われた工学部改組に際して「リベラル・アーツとしての工学」という主張がなされたことがあるが、academic discipline としての工学はそれに近い。これも学士課程前期のカリキュラムを考えるときに無視できない問題となる。理学部出身者は数学や物理・化学を無条件に工学の基礎と考えるが、工学部出身者は理系基礎科目を専門の基礎としてではなく「教養科目」ととらえる傾向がある。例えば工学基礎としての数学は工業数学であって数学そのものではないという主張があり、純粋数学は「教養の数学」という位置づけになる。質点の力学に重点を置いた物理学に対しても同様の見方がある。工

学をengineeringとみなせば、それ自身で完結するacademic disciplineであると主張することができるが、工学をtechnologyと訳せばその限りではないという訳語上の問題もある。

二. 社会的要請は何か？

本課題研究では、理系の基礎教育に対する社会的要請について二つの異なる視点から検討した。一つは企業が大学卒を社員として採用する際に何を重視しているか、二つ目は理系分野の卒業生が学生時代を振り返って何を必要と感じているか、三つ目は高校生・大学生が何を希望しているかである。

企業が社員の採用の際に重視している内容は、二〇〇八年に経済同友会が行ったアンケート調査の結果に典型的に示されている(松岡 二〇〇九)。企業が学部卒に求める能力としては「熱意・意欲」が断然一位で、「行動力・実行力」「協調性」がそれに続き、第四位にやっと「論理的思考力」、第五位に「問題解決能力」が出てくる。「専門知識」は第九位と低く、「一般教養」はさらに低い。大学院修了生(修士)についてもほとんど同じ結果がでるが、さすがに「専門知識」が第四位に入ってくる。以前から良く言われているように、企業は採用に際して高校時代まで培われた資質には注目するが、大学教育の成果に対してはそれほど期待していない。

日本の企業が大学教育の成果を重視しないのは、以下に紹介する東京農工大学の調査からもわかるように、その独特の人事システムによると思われる。新卒者は最初は生産現場などで専門的な仕事を経験するが、やがて本人の適性や会社の都合により管理職に回される。場合によっては大学の専攻にかかわらずいきなり営業部門へ回され、やがて管理職に昇任するというコースをたどることもある。このような人事システムでは、大学において獲得された能力は限られた場所と期間でしか評価されず、いわゆる「つぶし」のきく能力が最もキャリアに影響する。教育内容に具体的に立ち入らない調査では、このように大学における教育成果を反映しない結果が得られる。ただし、大学の教育成果が企業において無視されているというわけではないことは卒業生の聞き取り調査からもわかる。

卒業生からの視点については、一九六五年から二〇〇〇年までに東京農工大学を卒業した六〇〇〇人に対して行った大規模なアンケート調査結果（回収率三五・八％）の分析がある（吉永　二〇〇七）。農学部及び工学部の卒業生であることから、キャリアの前半を生産現場の技術者として過ごす者が多いが、後半はおおむね管理職として過ごしている。卒業生が在学中に最も熱心に取り組んだのは、クラブ活動でもアルバイトでもなく、研究室における実験と演習で、教員や他の学生との交流を通じて人間関係も学ぶことができたとしている。しかし一般にコースワークの講義科目に対する評価は低い。

表1には東京農工大卒業生の能力の自己評価結果を示した。まず、社会・経済・政治に関する知識やプレゼンテーション能力などいわゆる教養教育にかかわる項目について、卒業時点での自己評価が現在に比べて非常に低いことに気がつく。これは必ずしも大学における教養教育の弱さを表しているわけではない。調査対象者のキャリアを考えれば、これらの能力は社会生活を送る過程で着実に獲得されてきたはずで、卒業時に比べて格段に高くなっていると感じて当然であろう。むしろ注目すべきは、「専門

的基礎知識」と「基礎科学の知識・能力」の自己評価が卒業・修了時点と全く変わらない点である。大学は基礎的専門知識や基礎科学の知識を修得するための「場」にほかならないこと、卒業後はそれに代わるものがないことをこの結果は暗示している（松岡 二〇〇九）。

大学生からの要望については、第三回のシンポジウムで中島由起子が河合塾の調査に基づいて報告している（中島 二〇〇八）。それによると、工学部系の学部・学科の学生の多くが「高校時代にもっと身につけておけばよかった科目」として、「数Ⅲ」「数C」「物理（力学）」をあげている。大学教員の立場からは当然と思われるが、高校段階では必ずしも志望分野と結びついていると理解されないらしく、大学で学び始めてようやくその必要性を実感している。その落差が最も大きな科目は、経済・経営・商学系の学生にとっての数学である。経済系学生では実に四一・一％、経営・商学系学生でも二六・〇％が高校時代にもっと身につけておけばよかった科目として数学をあげている。逆に言えば、大学の側はこの落差を緩和するようなカリキュラムやプログラムを用意しなければならないということになる。

結論として中島は「そうしたギャップを埋めるには、人材養成目標・カリキュラム・各種教育プログラム等の関係を、学生の目線に

表1　社会人（調査対象者）の能力の自己評価結果

〈能力・知識〉	〈卒業時点〉	〈現在〉
研究に関する専門知識	2.87	2.41
学科（専攻）の範囲での知識	2.77	2.54
基礎的専門知識	2.51	2.52
基礎科学の知識・能力	2.34	2.34
英語などの語学力	1.97	2.32
社会・経済・政治に関する知識	2.02	2.62
対人関係能力	2.69	3.07
プレゼンテーション能力	2.36	2.95

立ってわかりやすく整理することが一つの方策であろう。具体的には、学士課程教育四年間で何を、いつ、どの科目・プログラムで、どのように身につけるか、という情報を発信することである」と述べている。これは四年間の教育課程を通して身につけるべきことを明示した中央教育審議会大学分科会の二〇〇八年答申の主張とも一致する。理系基礎教育に対する社会的要請に応えるために最低限しなければならないことがここに示されている。

三．バークレー・モデルとＴＡシステム

私がカリフォルニア大学（ＵＣ）バークレー校の入門化学"Chemistry 1A"に関心を持ったのは故マーチン・トロウ氏の勧めによる。二〇〇四年から始まった科研費プロジェクト「大学における初習理科の授業モデルと評価モデル」の一環としてバークレーに調査に出かけ、この授業に出会って衝撃を受けた。「退屈で難しい」が通り相場の大学の入門化学の授業が、ここでは面白くて分かりやすく演出されていた。ある面ではほとんどエンターテインメントの域に達していた（小笠原 二〇〇四）。私はこれを「バークレー・インパクト」と呼んでいる。その特徴は、⑴１クラス四五〇名と大規模クラスであること、⑵授業全体が緻密に演出されていること、⑶大規模な演示実験が組み込まれていること、⑷クラスを二〇人程度のグループに分割して小人数クラスの実験と演習を行っていることの四点である。

本課題研究で取り上げたせいもあって多くの研究者がＵＣバークレーの Chemistry 1A の授業を調査

し、その背後に巨大な教育支援システムがあることに気づいた。授業の担当教員は通年で合わせて八〇人に達するＴＡ、実験補助員、常勤・非常勤のテクニシャンおよび事務員を使って、あたかもオーケストラの指揮者のように整然と組織的に授業を行っている。クラスのサイズを大きくすることによってアカデミック・スタッフ一人あたりの負担を軽減する一方、人的・物的資源を大量に投入して授業を組織化し、学習のモチベーションを高めるというマス段階に適応した戦略がとられていた（宇田川 二〇〇六）。

しかしバークレー・モデルは、経済的な理由だけから生まれたものではない。大幅な学生定員増と教員ポスト減という現実の中で、伝統的な高等教育の質をいかに維持するかと考えた結果生み出されたものだという。米国の伝統的なリベラル・アーツカレッジの理想を大規模州立大学で実現するため、ＴＡの助けを借りて小クラスの討論授業を行う新しい方法が開発された。一方、科学の授業におけるエンターテインメントの要素は、啓蒙主義時代に起源を持つ「アウトリーチ（社会奉仕）」の伝統の上に発展してきたもので、その歴史はテレビはもちろんのことハリウッド映画よりも長い[2]。

大規模で組織的な授業は、ＴＡ制度とその研修からなる巨大な教育支援システム抜きには考えられない。第一回シンポジウムで、宇田川拓雄は米国の大学におけるＴＡ制度の重要性を次の四点にまとめている。

⑴ 大学は「学校」であり、教員はティーチングを行うことが仕事である。

⑵ カリキュラムとシラバスは全面的に関連する学部（著者註：デパートメントのこと）が責任を持つ。基本的には当該専門の教員であれば誰でも授業が可能である。

(3) 大学院の学生は親から自立し自ら生計を立てる。バークレーでは授業料に平均的生活費を足しただけの額が、奨学金、ＴＡ賃金、フェローシップの形で「ペイバック」されている[3]。

(4) ＴＡにティーチングを分担させるための研修の仕組みが、メンター指導システムとともに機能している。学生は職業的な教育専門家としての訓練を受ける。

バークレー・モデルは「授業の組織化」と「ＴＡの教育参画」という二つの柱からなっており、ＴＡの教育参画はさらに「プレファカルティー訓練」と「大学院生の生活支援」という二つの要素からなる。マス化した大学で理系基礎教育を効果的に行うためにはバークレー・モデルを参考にするしかないとに思われるが、日本の大学ではＴＡ研修などの教育支援システムが何一つ整備されていない。これが米国の大学に大きく水を開けられる原因の一つになっている。

ただし北海道大学においてはＴＡ研修がＦＤとほぼ並行して開発され、現在では毎年二〇〇から四〇〇名のＴＡが一日コースの研修を受けて教育現場に配置されている（小笠原　二〇〇六、西森　二〇〇八）。このようにして訓練されたＴＡは、例えば全学必修の初年次向け情報処理教育の約一〇〇の小クラスにそれぞれ配属され、全体を統括する教員の指揮のもとで授業を実施している。また中国語などの外国語教育でも、ネイティブ・スピーカーの大学院生が発音の指導を担当するなど、ＴＡは学士課程教育の前半で重要な役割を果たしている。しかしこれはあくまでも例外である。

日本のＴＡ制度は一九九一年に出された大学審議会の答申にさかのぼるもので、今年で導入から既に二〇年近くを経過している（宇田川　二〇〇七）。この答申を受けて、一九九二年から高度化推進特別経費

（ティーチング・アシスタント経費）の通達が出され、しだいに「学部教育におけるきめ細かな指導の実現」、「大学院生が将来教員・研究者となるためのトレーニングの機会」という明確なミッションを持つものになった。ところが最初の通達にあった「大学院生の処遇の改善」及び「学部学生、修士課程学生に対する実験、実習、演習等の教育補助業務に当たる」という二つの文言により、TA経費は研究室における卒論あるいは修論指導のための手当であると恣意的な解釈がなされた。こうしてTAの職務内容を明らかにしないままに、貴重な国費が研究室経由で広く薄くばらまかれてしまった。この額は国立大学の法人化の時点で、大規模研究大学あたり一〜二億円に達していたはずである。エントロピーの法則どおりばらまいたものは元には戻らない。制度ができてから二〇年近く経つが、日本の大学でTA制度が確立しないのは導入時のこのボタンの掛け違いによる[4]。

さらに、(1)語学を除いて文系分野のTAの役割が明確でないこと、(2)その結果、授業担当者が必ずしもTA支援を望まないこと、(3)私学の多くが十分な数の大学院生を持っていないこと、(4)大学院生が研究以外の仕事に手を染めることを指導教員が好まないことなど、TA制度の普及を妨げている原因は他にもいろいろある。基礎教育の立て直しのためには、TA制度と学生アシスタント（SA）制度を中核とした教育支援システムを充実させることがどうしても必要である。平成二〇年度の大学審答申をはじめいくつかの報告でTAおよびSA制度の整備が掲げられているのは時宜にかなったことである[5]。

四．能動的な学習方法の開発

「物化生地」の学問的内容はもともと実験あるいはフィールドにおける観察を基礎として出来上がっている。興味を持って継続して学ぶためには自分の目と手足を使って実際に体験する必要があり、それ無しには本質的な理解に達することが難しい。我が国では受験競争が過酷なせいか、高校教育においてこのような迂遠な方法でサイエンスを学ぶことが許されず、手っ取り早く結果のみを記憶させて効率良くテストの点数を稼がせる方法が支配的になっている。最近の学生を観察すると、このような理系基礎科目の「座学化」が大学入学後の進歩を妨げていることがよくわかる。本課題研究ではこの問題を克服するため、能動的な学習方法として、⑴演示実験および動画、⑵eラーニングおよびクリッカー、⑶討論の三つの重要性を強調した。

1　演示実験および動画

第一回のシンポジウムでは、演示実験や動画の開発で先駆的な役割を果たした北海道大学の基礎物理学の取組が紹介された（鈴木ら 二〇〇五）。力学では真空落下装置、衝突球、三連振り子、記録タイマー、ジャイロスコープ、自転車の車輪など、波動ではドップラー音叉、波動説明器等の実験に必要な機材を導入した。熱力学では精密温度計を用いた力学エネルギーの熱への変換を計測する実験を行い、また簡単な熱機関を運転して見せた。演示実験が時間的、物理的に難しい場合には、動画を用いて運動の解説をしてイメージしやすいようにしている。鈴木久男らは本課題研究と同じ時期に力学と波動の項目だけでおよそ三〇〇の動画を制作し教科書として刊行した（鈴木ら 二〇〇六a・b）。

東京農工大学では三沢和彦が新入生のために古典力学および電磁気学の新しいスタイルの導入教科科目を設計した（三沢 二〇〇八）。その特徴は演示実験を多く取り入れることで学生の関心を呼び覚まし、さらに観察から物理法則を論理的に導く方法を考えさせることにあった。

「電磁気入門学」では床に描かれた黒線に沿って自動的に追尾して走るライントレースカーを学生とともに分解した。特に駆動部分の電気モーターについては、さらに分解してモーターの原理について考えるよう誘導した。その上でモーターの原理を定量的に記述するための基礎実験をその後二週間にわたって続け、単に公式として暗記していたアンペールの法則がどのように導出されるか考えさせた。高校の履修範囲の中でも本質的な事項に厳しく制限した結果、授業内容はアンペールの法則、静電ポテンシャルおよびガウスの法則の三項目に絞られている。それでも電磁気学の基本法則である四本のマクスウエル方程式のうち三本までが具体的に説明できる。電磁気学の基本法則を実験的観察から推論していく方法を繰り返して実践することで、次第に基本法則を自分自身で扱えるようになる。大学レベルの高等数学を使った内容に早く切り替えるべきだという意見も少なくないが、三沢はその前に、個々の物理現象と論理を表現する形式としての数学との関係を理解させることが重要だと考えている。

慶應義塾大学で取り組まれている文系学生への実験を重視した自然科学教育は、演示実験のカテゴリーから少しはずれるものの、第二回のシンポジウムの中で特に注目された（金子 二〇〇七）。創設者の福沢諭吉が述べた「初学を導くに専ら物理学を以てして、恰も初学の予備となす」という理念に基づいて、文系四学部の初年次生のうち二五〇〇名から三〇〇〇名が受講可能な体制を整えた。学生はシラバスを参考に所属学部に関係なく多様な講義内容から自由に選択している。旧教養課程の廃止以来、文系学生に対する実験・実習をあきらめている大学が多い中で、この取組は白眉と言える。

2　学習支援システムおよびクリッカー

eラーニングはある時期まで遠隔授業のためのツールと考えられていたが、最近では能動的な授業を行うための学習支援システム（LMS）として通常の対面型授業に取り入れられるようになった。シンポジウムでは一九九〇年代から二〇〇〇年代にかけて先駆的に取り組んだ北海道大学の例が紹介されている。私自身もやがてオープンソース形式のMoodle等が「混合型eラーニングシステム」の本命になるだろうと予想している（小笠原 二〇〇九）。フォーラム機能を使えば教室外での討論ができるので、他の履修者とディスカッションしながら授業の準備を進める習慣が普及するだろう。

本課題研究では授業支援システムとあわせて、リモコン式応答システムである「クリッカー」の導入を推奨した。現在テレビなどで盛んに行われている「クイズ」は、もともと第二次世界大戦前に北米の大学で開発されたものだというが、この半世紀のあいだに重要な教育手段として着実に進化してきた。以前はカードや小テストなど紙媒体で行われていたが、最近はデジタル技術によって劇的な変化を遂げ、今では全米で合わせて八〇〇万台のリモコンが利用されている。

鈴木久男は学生がカードを掲げて設問に答える方式を基礎物理学の授業で試み、物理学の概念理解にクイズが有効であることを確かめた（鈴木 二〇〇六ｃ）。その上で電波法上の制約などさまざまな問題をクリアして、二〇〇七年四月から電波式のクリッカーを物理教育に導入した。同年一二月に龍谷大学で行われた本課題研究の第三回シンポジウムでデモンストレーションが行われ、その後の爆発的な普及のきっかけとなった（鈴木 二〇〇七）。最近ではクリッカーは大規模クラスの標準装備となりつつある。

3　討　論

討論は、古代ギリシャ哲学の問答法（ディアレクティケー・テクネー）に起源を持つ高等教育にはなくてはならない教育ツールだが、我が国の大学ではどういうわけか発達しなかった。卒業研究などで研究室に分属してから教員や先輩から一対一で訓練を受けることになるが、人によってはもう手遅れという場合もある。国際学会でも日本人の研究者は討論において実力を発揮できないことが多いが、その原因はどうやら大学の授業にありそうだ。

北海道大学では二〇〇四年前期に一クラス二三五名という大規模クラスによる基礎物理学の授業を試みた。このときは集中力の維持のために九〇分の授業時間のうち講義は五〇分にとどめ、残りの時間を小教室に分かれて演習や討論を行った（鈴木 二〇〇五）。

私自身は二〇〇五年と二〇〇六年に東京農工大学の化学の授業で、同様に授業の一部を討論にあてる方法を試みた（小笠原 二〇〇八）。二〇〇九年度に開講された筑波大学の「現代人のための科学」では、最初の数回は授業の最後の七〜八分程度の短い時間を使って隣りあった者同士の議論をうながし、次第に小グループ討論を導入して、最終的にはフロアでの議論ができるようにしたい（小笠原二〇〇九）。討論の結果は大小を問わず、コメントあるいはレポートとして提出させ、フィードバックを図る必要がある。初中等教育における「総合的な学習の時間」の効果が現れているのか、年を追うごとに学生が自然に積極的に討論に参加するようになった。問題はむしろ教員の方にある。授業における討論になれていないこともあって、討論の雰囲気づくりや適切な討論テーマが設定できない教員が多い。ＦＤの必要性がさけばれるゆえんである。米国の教科書を見ると単元ごとに多くの討論テーマが掲載されているので、最初はそれを利用するとして、しだいに国民性に即した討論テーマをストックとしてもつようにしたい。

五．カリキュラムと質保証

我が国では明治の昔から長い年月をかけてそれなりに一貫性のある自然科学の教程を作りあげてきた。英語国を除いて、初等教育から高等教育まですべて自国語で教育できる国の数はそれほど多くない。しかし第二次大戦後の教育制度改革で、中等教育と高等教育をつなぐ旧制高校・大学予科のカリキュラムが新制高校後半と新制大学前半に分割された。数学など一部を除いて自然科学の教程について役割分担は明快ではなく、特に新制大学前半の内容はあいまいで担当教員の恣意的判断にまかされた。日本の高等教育が自然科学分野の教育で一貫性や連続性を失ったのはそれ以来のことである。例えば私が学んだ一九六〇年代まで、理学部や工学部のカリキュラムは旧制大学のカリキュラムそのものであり、一般教育課程との繋がりはまるで無視されていた。そして一般教育課程では高校とのつながりが無視されていた。今でも学士課程カリキュラムには新制大学発足以来のひずみが残っている。

第四回シンポジウムで松岡正邦は、英国、オランダ、スウェーデン、米国および日本の例として、それぞれマンチェスター理工大学（現マンチェスター大学）、デルフト工科大学、王立工科大学、パデュー大学および東京農工大学をとりあげ、化学工学カリキュラムの日米欧の比較を行った（松岡　二〇〇九）。各大学の開講科目を教養科目、基礎科目、専門科目に分類しそれらが全体に占める割合を単位数または時間数で求めると**表2**のような結果が得られた。

この表でヨーロッパの三大学に教養科目に区分できる科目数がゼロとあるが、これは自然科学系の科目をすべて基礎科目に入れているためである。ヨーロッパの理工系大学では、伝統的に人文社会系科目や語学・体育系科目などの教養的科目をカリキュラム化していない。松岡は、(1)日本の大学の科目群の割合は米国のそれとほぼ同じだがヨーロッパの大学とは明確に異なっていること、(2)卒業論文または卒業研究に該当する科目を最終学年に課しているのはヨーロッパと日本のみで米国にはこの種の科目がないことの二点を指摘した。日本の教育課程は枠組み自体は米国と

表2　日欧米の各大学の科目区分の割合

	マンチェスター理工大	デルフト工大	王立工大	パデュー大	東京農工大
教養科目	0	0	0	18	17
基礎科目	33	55	55	52	48
専門科目	67	45	45	30	35

同じだが、卒業論文を課している点はヨーロッパと共通しており、米国とは異なると結論している。

以下は私自身の意見だが、日本の学士課程はヨーロッパ型大学のカリキュラムに米国の学士課程前半のカリキュラムを接木して生まれたもので、現状はそのどちらから見ても奇妙な形をしている。上半身がヨーロッパの大学で、下半身が米国の大学と考えれば分かりやすい。卒業研究の重視や教養教育のカリキュラム化など欧米型の「いいとこどり」をしているようにも見えるが、実は大きな問題をかかえている。まず、下半身が弱い。この弱さは本学会設立の動機にもなったものだが、学会の発足から三〇年を経た今でも、冒頭に述べたように、基礎教育が未発達でしかも専門科目とスムーズにつながっていない。またヨーロッパ型の専門教育は米国型の基礎教育カリキュラムと構成原理が違うため、上半身に無理がかかっている。例えば卒業研究重視という利点は、コースワーク科目の弱さの原因にもなっている。

戦前は分野にもよるが理系では三年制大学の二年目に研究室に分属して、講座担当教授の指導のもとで約二年をかけて卒業研究を完成させるところもあった。しかし新制の大学では前半を一般教育課程にあてたため、後半の二年間で旧制三年の課程を終わらせる必要が生じた。そのしわ寄せが大学三年のコースワークにかかっている。松岡正邦がまとめた科目配置表を比較すると、米国の大学でもヨーロッパの大学でも三年ないし四年の学士課程に講義科目がほぼ均等に配分されているのに対して、東京農工大学では専門の科目が三年目に集中し、最後の四年目は「卒業論文」のほかは「プロセス設計」二単位と「エンジニアリングプレゼンテーション」一単位だけをとればよいようになっている。卒業研究に専念させるための工夫とされているが、これは何も東京農工大学に限ったことではない。

卒業研究の単位は学生が実際に費やす時間に比べて非常に少ない（松岡 二〇〇九）。この例では四年において卒業研究以外の科目は三単位分しか開講されていないから、半期の単位取得の上限を二〇単位とすると、学生は一年間で少なくとも三七単位分の時間を「卒業研究」に費やしていることになる。それに見合った単位を与えようとすると卒業に必要な単位数は合計で一六一単位となる。これを一二四単位の枠の中に強引に収めようとすると、必然的にコースワーク科目のために使える時間が圧迫される。単位の実質化の掛け声にもかかわらず、後で述べるように二単位科目の週二回開講がいつまで経っても実現せず、担当者が時間の不足になやまされ続けるのはこのためである。

カリキュラムの質保証に関して吉永は、同じシンポジウムでイギリスの教育評価システムとの比較で日本の学士課程教育を次のように批判している。

これらに対して、日本の場合は、学士課程教育が、全学出動による共通教育と学科による専門教育の二重構造になっているために、学士力の水準を定めることが難しい。卒業研究があるためにアメリカよりは専門性が高いが、専門教育に対してExternal Examinersや学協会による水準管理は行われておらず、共通教育のプログラム制においても、厳密な成績評価・GPA制・コースワークのモニターが行われていないために安易な単位修得や進級が行われている。

学科の専門教育プログラムの構造や教員の意識はヨーロッパ型に近いが、学士課程全体の構造はアメリカ型に近い。この現実に即して教育の質を高めるためには、学科が専門教育の水準をきちんと定めてそれを維持するだけではなく、共通教育など専門教育の外で行われる教育の責任体制を明確にし、その質を保証するシステムを整備しなければならない。この観点から、第三回のシンポジウムで報告された工学系数学の標準的学力検査に向けた取組みは注目に値する。報告者の渡邉敏正は、工業数学の分野で教育効果を客観的に比較することを困難にしている原因として次の三点をあげている（渡邉ら 二〇〇七）。

(1)標準カリキュラムが存在していない。そのため、教えるべき分野、項目、深度、達成目標などにばらつきがある。

(2)評価すべき項目等のガイドラインがない。

(3)同じ教員が同様の分野を長期間（例えば一〇年以上）にわたって、同一学部で教育を担当することは希である。

広島大学と山口大学の両工学部のグループは、工業数学教育の弱点を克服するために、二〇〇三年から中国・四国地区の国立大学工学系学部数学統一試験を開始した。この取組みはまたたく間に全国に広がり、工学系数学統一試験としてアウトカム評価のモデルになりつつある。試験の出題範囲は全国の多くの工学系学部教育カリキュラムに出現する基礎分野と必須基礎項目で、カリキュラムのコアとなり得るものである。このような試験が順調に発展し継続されれば、蓄積されたデータによってかなりの精度と普遍性を持って学力の推移をモニターできるようになるだろう。

最終の第四回シンポジウムで北原和夫は、「科学リテラシーから見る学士力の在り方」について、鈴木久男は「大学における統合科学コースのすすめ」について重要な報告を行った（鈴木 二〇〇九、北原 二〇〇九）。アメリカと同じか、あるいはそれ以上に入学者の多様化が進んだ日本の大学において、理系基礎教育のカリキュラムを強化し学士課程の「下半身」を鍛える上で重要な提案だと思うが、ここでは紙数が尽きそうなので別の機会に改めて取り上げたい。

六．克服すべき課題――日本モデル

我が国の大学における理系基礎教育の弱点は、学士課程の構造や大学の習慣に起因する根の深いものである。改革のベクトルとしてヨーロッパ型の専門教育に「戻す」という方向と、米国型のリベラル・アーツ型で学士課程全体を統一するという方向があるが、どちらにしても現実的ではない[5]。すでに存在する学士課程の枠組みの中で整合性をはかり、重点的に弱いところを強化するのが唯一現実的な方策だと思う。その場合に、日本の理系教育に固有な、(1)少人数教育志向、(2)週一回九〇分の授業、(3)卒論偏重の三つを見直すことが必要である。それぞれ問題の次元は異なるが、相互に結びついて強固なトライアングルを形成しているという意味で、三つ合わせて日本モデルと呼ぶこともできる。

理系分野における少人数教育の習慣は、高等教育の拡張期以前の「エリート段階」で形成されたもので、我が国ではこれを維持することが伝統的な大学のステータスに関係していた。今でも適切なクラスのサイズは六〇人が限度と考えている教員が多く、一〇〇人を超えると定量的な理工学の授業は成立しないと言われている。中には三〇人が限界という人さえいる。その結果、規模の大きな大学では理系基礎科目のクラス数が非常に多くなる。

国際的に見るとこの現象は例外で、米国では一クラスあたり二五〇から五〇〇人、英国の伝統的大学でも一五〇から二五〇人が標準サイズである。エジンバラ大学では一〇〇〇人規模の基礎生物学のクラスさえ存在する。米国のリベラル・アーツ系の大学では少人数クラスが見られるが、もともと大学の規模が小さいので原理的に大型クラスが存在しないという事情がある。クラスサイズが大きくなるのは、アカデミックスタッフの負担を減らして人件費を節約するためであるが、同時に教育内容や教育の質を標準化してその質を保つためでもある。バークレー・モデルに見られるようにTAやeラーニング等の教育支援システムを整備し、アウトカム評価でその質を保証するのがマス段階における高等教育の大勢である。

理系の基礎教育を立て直すという観点から見れば、我が国独特の少人数教育志向には長所もあるが欠点もある。長所は教員の個性が授業に反映されやすいことと、教員と学生と良好な関係を作りやすいことだが、いずれも選抜制が高い等のエリート型の条件が満たされていることが前提である。欠点は組織的な教育支援が期待できないばかりでなく、担当者により授業の内容や質にばらつきが生じ、履修者から見れば「当たりはずれ」のリスクが大きいことである。実態から言えば日本の理系基礎科目のクラスは外部からの干渉を拒否する「私塾型」教育であるのに対し、米国の大学は組織性と戦略性を重視した「エンタープライズ型」教育と言える。国民性の違いがあるから極端なことはできないが、それなりに教育支援システムを充実させ教育の組織化を行わなければならないことは既に述べた。少人数教育の伝統を維持しようとするのであれば、履修者の選抜性を高く保つだけでなく、同一科目ではすべて同じ教科書を使い共通の指導要領に従わざるを得ない。大学の授業担当者がそのような画一化に耐えられるかどうか。

一週一回九〇分の授業を一五回行って二単位の科目とみなす制度は我が国の大学の「悪習」である。法的な正当性も合理的な理由も見当らないこの習慣がなぜ放置されているのか理解に苦しむ。国際的には二単位（クレジット）科目は週二回の授業を意味しており、集中的な教育のためにも単位の実質化のためにも一週間に複数回の授業を行うことが妥当かつ必要である。例えば米国の入門物理（Introductory Physics）では、週三回三時間の講義と、週四時間の演習、実験によって力学、流体力学、波動、熱の物理、光の物理、電磁気、相対性理論、量子力学などを一年で終える。このコースだけで、実学分野において必要な範囲をカバーし、かつ日本の大学の教育レベルを超える（鈴木 二〇〇六）。

日本の大学では一般に一コマを四五分と計算し、二コマ続けて二単位と計算しているが、定量的科学の分野では学生の集中力は一時間が限界と言われているから、内容的には一単位分しか盛り込めない。授業担当者がシラバスを書くときにいつも悩まされる問題である。日本の学士課程カリキュラムは見かけ上成立しているように見えるが、質保証をきちんと行えば実際には成り立っていない場合が多い。工学分野のＪＡＢＥＥ認定が一部の学科に限られ、それ以上の拡がりを見せない背景にはこのような構造的な原因がある。二単位の授業を一回一時間で週二回行うことは実質的には教育負担が二倍になることを意味するが、国際基準に合わせようとしたら避けては通れない問題である。

卒業研究の重視は必ずしも「克服すべき問題」ではない。学士課程の最後の一年間だけだが、研究室

において マンツーマンで教育する方法は有効であり、英国のカレッジ教育にも相当する我が国の誇るべき教育インフラである。最近では米国の研究大学でもこれに注目して、「コースワーク」の一つとして学士課程のプログラムの中に取り込む傾向が現れている。

ただし上に述べたように、見かけ以上に卒業研究に力点が置かれているため、時間的に他のコースワーク科目を圧迫している。学士課程の四年間でなされるべきことを、一年間に凝縮して達成しようとする現状は、学生の質の問題もあってそろそろ限界に来ている[6]。さらに教育と研究の境界のはっきりしないグレーゾーンで訓練されるため、色々な問題が生じる可能性がある。実験系では卒業研究といえども高価な設備や試薬が使われるので、必然的に所属する研究室の研究戦略の一端を担うことになる。それによって学生のモチベーションが高まる場合が多いが、学生の適性や意志と一致しないと不幸なことになる。卒業研究をコースワーク化するためには、拘束時間と単位数を適切に設定して学士課程プログラム全体との調和をはかるほか、学生を研究の労働力として使わない、学生の意志を尊重する、評価を客観化するなどの倫理規定を整備する必要があろう。

まとめとして、理系基礎教育の立て直しのために次の三点を提案したい。

(1)「超コースワーク」的な存在である卒業研究を見直し、卒業研究も含めたコースワークを四年の学士課程カリキュラムに合理的に適切に配置する。

(2)二単位科目では週一回九〇分という習慣を改め、五〇～六〇分授業を間隔を置いて週二回行い履修者が授業の前後に十分な学習時間を確保できるようにする。

(3)少人数教育が維持できる場合にはテキストを定め、指導要領を定めて標準化する。それができない場合は、思い切ってクラスを大型化し、ＴＡ、授業支援スタッフ、授業支援システム等を導入して組織化をはかる。いずれの場合でも適切なアウトカム評価によって教育の質保証を行うことが前提となる。

謝辞
本稿を完成させるに当たり、東京農工大学の松岡正邦会員と吉永契一郎会員、ならびに桜美林大学の秀島武敏会員に草稿を読んでいただき、いくつかのミスの指摘や適切なコメントをしていただきました。心よりお礼を申し上げます。

注

1　本課題研究の支援のもとに以下の四回のシンポジウムが行われた。
〈第一回〉二〇〇六年七月：「世界に通用する理系基礎教育」（東京農工大学）
〈第二回〉二〇〇六年一一月：「学士課程における理系基礎教育―教養教育からキャリア教育まで」（金沢大学で行われた課題研究集会シンポジウムⅣ）
〈第三回〉二〇〇七年一二月：「理系学士課程教育の充実方策」（龍谷大学で行われた課題研究集会シンポジウムⅡ）
〈第四回〉二〇〇八年一二月：「科学技術リテラシー教育と『学士力』の育成」（岡山大学で行われた課題研究集会シンポジウムⅣ）

2　日本でもかつて旧制の高等教育機関で演示実験がよく行われていた。しかし戦中・戦後の混乱期に省略され、その後は受験競争のあおりで教室から完全に姿を消した。アングロ・サクソン系の大学では講義に実験を組み合わせた形式が比較的良く維持されており、近年のデジタル機器の発展に伴ってその内容も長足の進歩を遂げている。

3　UCバークレーのTAとRAは、二〇〇五年現在で全員一律に年間二一、五〇〇ドルの給与を与えられており、基本的に自活している。

4　文部科学省内に置かれた基礎科学力強化推進本部は、二〇〇九年八月に「「基礎科学力強化に向けた提言」及び「基礎科学力強化総合戦略」について」という報告書を公開している（http://www.mext.go.jp/b_menu/houdou/21/08/1282822.htm）。その中でTAにRAの問題点を次のように指摘している。「TAやRAの雇用を義務づけることや、優秀な人材に対してフェローシップ型のRAとして支援することが考えられる。その際、給付者と受給者の間には契約関係が生じ、奨学金とは異なり、TAやRAには十分な職業的義務の遂行が求められる。また、国民の税金を充当した個人への経済的支援が、将来社会への投資であることを銘記すべきである。何のための公的支援か理念及び目的を明確に示し、経済的支援を通じて学生に社会との関係を学ばせ自覚を促すことが重要である。」

5　日本の大学のカリキュラムをヨーロッパ型に切り換えた場合、教養教育をどうするかという問題が残る。ヨーロッパの大学のカリキュラムにはいわゆる教養科目は含まれていないが、教養教育そのものはきちんと行われている。例えばオックスフォード大学やケンブリッジ大学では、入学したばかりの学生はカレッジで教員とともに生活する中で、礼儀作法や芸術の素養のみならず食事時の話題の選び方から独特の英語の使い方まで身につける。一方、日本の大学のカリキュラムを米国のリベラル・アーツカレッジ型のカリキュラムに全面的に切り換えることも現実的ではない。この課程は大学院や他のスクールにおける職業的教育を前提として成り立っており、四年間で完結する日本の大部分の学士課程とは性格が異なる。

6

日本の大学の卒論重視の傾向に対して、化学工学が専門の松岡正邦会員は次のようなコメントを寄せている。

私はこれを「辻褄あわせ」と呼んで来ました。三年間の手抜き教育を何とか取り繕って社会に送り出している制度であると思います。研究室の中で英語の論文が読めるようになり、実験手法を身につけ、さらには先端的な研究を垣間見るなど、本来なら四年間かけて行うはずの教育体系を圧縮して一年間で済ましてしまい、出口で帳尻を合わせているためです。実際には一年間で行えるはずがなく、それまでの三年間の薄めの学習や経験があるからこそ可能なことですが、入学者の意識の変化や学力低下が始まっているので、そろそろ見直す時期と思います。

文献

小笠原正明（二〇〇六）：「ユニバーサルアクセス時代の化学教育―カリフォルニア大学バークレー校の入門化学―」『現代化学』二〇〇六年四月号、三〇－三三

小笠原正明（二〇〇八）：「「化学プロジェクト」のモデル授業」『東京農工大学』第四号、二三－三三

小笠原正明（二〇〇九）：「「現代人のための科学」と筑波大FD」『平成二〇年度筑波大学ファカルティ・デベロップメント活動報告書』、筑波大学FD委員会編、一三三－一四二

小笠原正明、西森敏之、瀬名波栄潤（二〇〇六）：『TA実践ガイドブック』、玉川大学出版部

宇田川拓雄（二〇〇六）：「カリフォルニア大学バークレー校におけるTAシステム」『高等教育ジャーナル―高等教育と生涯学習』（北海道大学高等教育機能開発総合センター紀要）第一四号、一二九－一四一

宇田川拓雄（二〇〇七）：「TAよ、大志を抱け―北大TAアンケート調査結果の分析と考察」『高等教育ジャーナル―高等教育と生涯学習』（北海道大学高等教育機能開発総合センター紀要）第一五号、一一三―一二一
金子洋之（二〇〇七）：「文系学生への実験を重視した自然科学教育」『大学教育学会誌』第二九巻第一号、九二―九九
北原和夫（二〇〇九）：「「科学リテラシー」から見る「学士力」の在り方」『大学教育学会誌』第三一巻第一号、九一―九三
鈴木久男、細川敏幸、小野寺彰（二〇〇五）：「大学初等物理教育の変革とeラーニングの活用」『高等教育ジャーナル―高等教育と生涯学習』（北海道大学高等教育機能開発総合センター紀要）第一三号、一五―二〇
鈴木久男、山田邦雄、前田展希、徳永正晴（二〇〇六a）：「動画入り物理教科書の制作」『高等教育ジャーナル―高等教育と生涯学習』（北海道大学高等教育機能開発総合センター紀要）第一三号、一五―二〇
鈴木久男、細川敏幸、前田展希、徳永正晴（二〇〇六b）：『動画だからわかる物理DVD付力学波動編』、丸善
鈴木久男、山田邦雅、山田邦雄、前田展希、小野寺彰（二〇〇六c）：「初等物理教育における能動的学習システムの構築」『高等教育ジャーナル―高等教育と生涯学習』（北海道大学高等教育機能開発総合センター紀要）第一四号、八九―九七
鈴木久男（二〇〇七）：「授業応答システム〝クリッカー〟」『大学教育学会誌』第三〇巻第一号、四一―四七
鈴木久男（二〇〇九）：「大学における統合科学コースのすすめ」『大学教育学会誌』第三一巻第一号、九四―九九
中島由起子（二〇〇八）：「学士課程教育の充実―高校生・大学生の視点から」『大学教育学会誌』第三〇巻第一号、三六―四〇
西森敏之編（二〇〇八）：『北海道大学ティーチング・アシスタント・マニュアル』、北海道大学高等教育機能開発

総合センター
松岡正邦（二〇〇九）：「理工系学士課程カリキュラムの国際比較—化学工学を例とする教育課程の比較—」『大学教育学会誌』第三一巻第一号、一〇〇-一〇五
三沢和彦（二〇〇八）：「「物理を考えること」を学ばせる導入教育の試み」『大学の物理教育』、一四九-一五三
吉永契一郎（二〇〇七）：「東京農工大学卒業生の大学教育への評価」、『東京農工大学大学教育ジャーナル』第三号、五三-六七
渡邉敏正、高橋大介（二〇〇七）：「工学系数学の標準的学力試験に向けて—工学系数学統一試験—」『大学教育学会誌』第二九巻第一号、一〇〇-一〇六

第四章　一般教育学会における
FD研究の展開

絹川　正吉
（FDのダイナミックス研究委員会）

一般教育学会編 一九九七『大学教育研究の課題』玉川大学出版部は、その第Ⅵ篇を「教授団の能力開発（ファカルティ・ディベロップメント）」に当てている。その解説は以下の文言で始まる（絹川正吉 二〇〇四）。

「今日の教育改革については、これまでの発想の延長や拡大ではほとんど効果が期待できない。発想の大転換が必要不可欠であると思われる。発想転換の核心は、〝大学自治〟の意味を再考し、大学教育に関する旧来の固定観念を打破して〝教授団は開発可能である〟という発想のもとに〝教授団の能力開発〟即ち〝ファカルティ・ディベロップメント、FD〟の活動を大学教育改革の原動力とすることである。それは、現代の大学大衆化に伴う大学教育改革の世界的趨勢として要請されているものである。」

このような認識の下で、学会は「Faculty Development の研究」（「第一次ＦＤ課題研究」）を一九八五年に設定し、ＦＤについての理論的考察や諸外国における事例報告等、啓蒙的活動が続けられた。特に、学会は一九八七年に「ＦＤアンケート調査」を実施し、調査報告書を発表した。それによると、「それまでわが国では〝ＦＤ〟には馴染みが薄かったにもかかわらず、この調査が提示したＦＤ発想に基づく見解全般にわたり肯定的な回答を得たことは、〝ＦＤ〟概念の理解・受容の可能性とともに、大学教育改革に関する画期的な発想転換の可能性を予見させるものであった。」

一般教育学会はその後、第一次ＦＤ課題研究を継承しながら、問題点をより一層具体的に究明し、今日の社会情勢に適った実践的運動へと展開する方法を探求するため、第二次ＦＤ課題研究「ＦＤ活動の具体的展開」（代表者　原一雄）を設定した（原一雄　一九九九）。

一・「大学セミナーハウスＦＤプログラム」

大学教育学会がその後、改めて課題研究「ＦＤのダイナミックス」を設定するに至った経緯を説明するためには、「大学セミナーハウスＦＤプログラム」の経験を回顧しなければならない（大学セミナーハウス編　一九九五）。

東京の西郊にある「大学セミナーハウス」は、一九七〇年以来大学紛争の苦悩を経験しつつあった多くの大学関係者が、国公私立の枠を超えて、大学改革を自らの問題として語り合う場として大学教員の合宿セミナー「大学教員懇談会」を開催してきた。一九八七年一〇月の「大学教員懇談会」におけるパネル・ディスカッションで「ファカルティ・ディベロップメント――大学教員評価の視点――」というタイトルの発題があったことなども契機になり、一九九〇年に大学セミナーハウス第一回「大学教員研修プログラム」が開始され、二〇〇二年一月までに二三回のプログラムが開催された（建部正義 二〇〇三）。

大学セミナーハウスにおけるFDプログラムの内容は、若手教員対象の授業法に関するものと、ベテラン教員向けのカリキュラム論に大別される（宮腰賢 一九九九）。このことは、一定のレベルでFDプログラムのスコープを示していたといってよいであろう。近年の授業法に傾斜するFDプログラムに対比して見ると、より広やかな視点からFDプログラムが考えられていたことが理解できる。

さて、このような内容をもつ大学セミナーハウス「大学教員研修プログラム」は、日本の大学におけるFDプログラムの先駆けとして、全国の大学からの参加者を得て、一時は参加人数を制限するほど盛んになった。しかし、二〇〇二年一月の第二三回プログラムをもって、約一〇年間の営みに終りを告げた。時流はまさにFD隆盛期であるのに、それに逆らって終了を告げたのはなぜか。その背後にある事情は、日本におけるFD活動を考える上で重要な示唆を与えている。

大学セミナーハウス「大学教員研修プログラム」は、「大学教員研修プログラム委員会」が企画し、実行された。その際、同委員会委員は、プログラムの運営委員も同時に兼ねることになった。FDプログラムは、各回に設定したテーマに関する講演と、それを踏まえた小グループ討論（セミナー）と、全体討論（総括）で構成された。その際、委員は小グループ討論のファシリテータを務める。しかし、同委員の大部分は、それぞれに専門を持つ学者であるが、いわゆる高等教育論の専門家ではない。いわば、素人集団を中核としてプログラムが行われたのである。ファシリテータは参加者と同じレベルに立って、参加者と大学教育の問題を共有し、その解決に共に努力するのであった。このことが大学セミナーハウスＦＤプログラムの特徴であった。参加者は、上から何か答えが与えられることを期待するのではなかった。委員も自らが参加者と共同で大学教育をより充実させるための道筋を発見することが期待されていたのである。したがって、ファシリテータは答えを用意する立場にはなく、参加者と共に悩むことがその機能であった。このようなＦＤの在り方は、大学教員の自律的営みとしてのＦＤ活動の一つのあり方を示したといえる。

しかし、大学セミナーハウスＦＤが開始されてから一〇年という年月は、ＦＤをめぐる状況を激変させた。その引き金の一つは、いわゆるＦＤが大学設置基準で義務化されたことである。このことと前後して、各種各様のＦＤプログラムが行われるようになり、大学セミナーハウスのパイオニアの位置が影薄くなり始めた。しかしながら、ここに流行となったＦＤプログラムは、いわゆるＦＤ専門家による指導が中心で、大学セミナーハウスのＦＤの特性とは異質のものである。大学セミナーハウスＦＤの参加者の間にもこの気風が浸透し、参加者が答えを要求するようになり、素人集団であるファシリテータの手に余る事態が発生したのである。大学セミナーハウスＦＤの特性が、逆に限界を示しはじめたのである。そこで、「もはや啓蒙の時代は終わった」という名（迷）文句で、大学セミナーハウスＦＤは、終わりを告げたのであった。

　このような経緯は、ＦＤのあり方について問いを提示している。すなわち、ＦＤは専門家の指導によらなければならないものであるのか、ということである。またこのことは、ＦＤは（トップダウン式の）教育プログラムか、という問である。ＦＤの義務化が拍車をかけて、各大学は、いわゆる「大学教育センター」等を設置し、それをもってＦＤの組織化の徴とし、多数の高等教育論専門家を配置することが流行している。こういう事態を、大学セミナーハウスＦＤ委員であったものは、肯定できるのであろうか。素人の時代は過ぎた。専門家にＦＤは委ねられるべきなのか、この問いを抱えて、大学教育学会課題研究「ＦＤのダイナミックス」が登場するのである。

二、課題研究「ＦＤのダイナミックス」の出発

　大学セミナーハウスＦＤ委員会は解散したが、ＦＤ委員の間では自然発生的に交流が続いた。委員には忸怩たる思いがある。大学セミナーハウスＦＤを解散したことは正しい選択であったのか。「啓蒙の時代」は依然として継続しているのではないか。ということで、旧大学セミナーハウスＦＤ委員で大学教育学会員でもある有志が、新しい行動の場を求めて伊豆高原・桜美林大学寮に参集したのが、二〇〇六年三月のことであった（ただし、参加者には、大学教育学会員ではない旧大学セミナーハウスＦＤ委員も含まれていた）。そこでの議論の集約として、大学教育学会に新しい課題研究「ＦＤのダイナミックス」を

発議することになり、以下の趣旨(田中毎実起案)が合意された。

「学会はかつて、FDの状況と将来展望について、わが国で初めての本格的調査を実施した。この調査そのものが、実は、FDに関する大規模な啓蒙活動であった。その調査結果には、わが国のFDの将来に関しての予測が記されている。この調査は、意図においても規模においても画期的だった。本研究委員会では、今日の高等教育ユニバーサル化という新たな展開の下で、

(a)この第一次調査以降に実施された他の関連諸調査を総括し、FDの典型的実践事例を取り上げてケース・スタディを実施する。

(b)今日の状況に対応し、大学自己開発のダイナミックスを生み出すFDの新しいモデルを提案する。

一次調査後、わが国の高等教育は、急速にユニバーサル化段階へ到達した。その間、法令上のFD義務化などの外的圧力もあって、学生の授業評価や同僚の授業参観などの定型的FD活動はごく一般的に実施されるにいたった。「FD」概念を導入したのは他ならぬ本学会であった。しかし、それとともにFDの本来の意図が見失われつつある。

①ユニバーサル化のもとでの大学は、学生、教員などのありようも千差万別である。教員集団は、それぞれの大学および学問領域のありように即した教育に向けて、自覚的に自己認識を獲得し自覚的な集団を形成しなければならない。しかもその際、このような意味でのローカリズムを越えて、大学教育一般に共通するグローバルな教育目的の達成が、たとえば一般教育ないし教養教育と

いった形で追求される必要がある。つまり、ユニバーサル化のもとでのFDは、個別大学の教員集団が、そのローカリズムとグローバリズムとの間に最適のバランスを見出す仕方で、自分たちを教育者集団として自覚的に形成することでなければならない。私たちは、今日のFD関連事例をいくつか集中的に検討することによって、大学教員の集団的自己形成を可能にする条件、それを妨げる条件などを一般的に析出する。

②ユニバーサル化のもとで急速に変わりつつある学生たちと教育諸条件を前にして日常的実践で苦闘する大学教員には、たしかに、教育改革・授業改革へ向かうニーズが一般的に存在する。しかし現行のFDは、なかなかこのニーズの層に届かない。多くの場合、教員集団にとって外発的に実施されるFD諸企画は、どうしてもトップダウンの啓蒙という色彩をぬぐい去れないまま空転している。それでは、どうすればFDは、教員集団の日常的ニーズの層に届く仕方で、組織化・制度化されるのだろうか。大学教員の集団的自己形成を動機づけるような制度的諸条件（組織、教員の雇用慣行、指示的風十や競争的風土、褒賞体系の有無など）を検討し、本研究委員会では、上記の〈グローバリズムとローカリズムとの間の最適解の模索〉という課題を超えてさらに、〈日常化という新たな段階に見合ったFDの組織化・制度化のあり方〉についても検討を加えたい。

③今日のFDの組織化・制度化に関しては、その〝水平的拡大〟という新たな次元を見出すことができる。水平的拡大とは、教員全員の組織化がめざされることであり、学生集団、職員集団をも組織化に巻き込もうとすることである。他方、教員集団が（表層的な啓蒙ではなく）深く自分たちの

日常的教育ニーズに根ざす仕方で自分たち自身を自発的に自己組織する、ＦＤのいわば「垂直的深化」の次元がある。この二つの次元によって大学自己開発のダイナミックスが生成されるのである。このＦＤの組織化・制度化理念は、どのような困難に直面し、どの程度現実化されているのだろうか。本研究委員会は、我が国のＦＤ組織化の実態を統計的事例的に検討することによって、「水平的拡大と垂直的深化」という組織化・制度化の新たな理念の下においても、ＦＤの新たなモデルを提案したい。」

大学教育学会は、以上の趣旨による課題研究「ＦＤのダイナミックス」を二〇〇六年度から三年間実施することを承認した。三年間にわたる研究成果は、『ＦＤのダイナミックス――大学教育学会・課題研究報告書（研究代表　田中毎実）』にまとめられた。（同報告書の刊行は「京都大学高等教育研究開発推進センター」の協力による。）

三．課題研究「ＦＤのダイナミックス」の成果

課題研究委員会の研究・調査結果は、次記の項目にわたった。

① 歴史的回顧と第一次調査以降に実施された他の関連諸調査を総括する。

(a)田中毎実・井下理　二〇〇六「ＦＤのダイナミックス（その一）」大学教育学会誌二八－二（ラウンドテーブル発表：田中毎実「共同研究の構成と展望」、絹川正吉「ＦＤのダイナミックスを問う」、井下理「ＦＤ活動の専門性

と相互研修性」、松下佳代「共同研究の計画と方法」、佐々木一也「立教大学全学共通カリキュラムという運動体の総括」)

(b)絹川正吉　二〇〇七「FDのダイナミックス」大学教育学会誌二八－二

(c)山内正平　二〇〇七「FDの二〇年を振り返って」大学教育学会誌二九－一

(d)田中毎実・井下理　二〇〇七「シンポジウムⅢを司会して」大学教育学会誌二九－一

(e)杉原真晃(研究委員会ワークショップ・発表)

② FDの典型的実践事例を取り上げてケース・スタディ(実地調査)を実施する。

(a)松下佳代　二〇〇七「課題研究「FDのダイナミックス」の方法と展望」大学教育学会誌二九－一

(b)夏目達也　二〇〇七「諸外国におけるFDの組織化の現状」大学教育学会誌二九－一

③ 今日の状況に対応し、大学自己開発のダイナミックスを生み出すFDの新しいモデルを提案する。

(a)井下理・大塚雄作　二〇〇七「FDのダイミックス(その二)――第一次調査のフォローアップと新たなモデルの構築――」大学教育学会誌二九－二(ラウンドテーブル発表：松下佳代「日常的教育改善へのFDの再文脈化――ヒアリング調査をふまえて――」、加藤かおり「英国における組織的FDとしての高等教育資格規定(PGCHE)」、溝上慎一「学生の学習の質を問うFDを求めて」、本郷優紀子「学生の学びを支援するためのSDとFDの融合――首都圏西部大学単位互換協定会を例に考える」)

(b)安岡高志　二〇〇九「目標達成のためのFDの在り方について」大学教育学会誌三〇－一

(c)田中毎実　二〇〇八「FDの工学的モデルとその生産性の回復のために」大学教育学会誌三〇－一

(d)絹川正吉　二〇〇八「FDのダイナミックス(その三)」大学教育学会誌三〇－一

(e)鈴木敏之　二〇〇八「ＦＤに関する論議と当面の改革の課題」大学教育学会誌三〇－一
(f)井下理・夏目達也「ＦＤのダイナミックス（その四）――第一次調査のフォローアップと新たなモデル――」大学教育学会誌三〇－一
(g)山内正平　二〇〇八「ＦＤのダイナミックス――新たな実践に向けて――」大学教育学会誌三〇－二（ラウンドテーブル発表：青野透「学習主体としての学生を支援するためのＦＤ」、井下理「ＦＤの「実践と理論」の両面での方法論的考察の重要性」、大塚雄作「実質的ＦＤを促進する評価の在り方と課題」）
(h)夏目達也　二〇〇九「ＦＤの実施義務が提起しているもの――諸外国との比較による若干の考察」大学教育学会誌三一－一
(i)田中毎実　二〇〇九「「ＦＤモデル」の構築可能性」大学教育学会誌三一－一
(j)絹川正吉　二〇〇九「ＦＤの今後の課題――ダイナミックス研究からの提言――」大学教育学会誌三一－一
(k)井下理・大塚雄作　二〇〇九「「ＦＤダイナミックス研究の総括討論」と三年間のまとめ」大学教育学会誌三一－一
(l)寺﨑昌男　二〇〇九「（指定討論者コメント）大学文化と融合したＦＤへの期待をこめて」大学教育学会誌三一－一

四．研究調査の実践

一般教育学会が実施したような全般的なアンケート調査については、杉原真晃委員(①ⓔ)による「広島大学研究教育開発センター二〇〇三年・大学学長調査報告、同大学教員調査報告、名古屋大学評価企画室二〇〇六年・東海地区ＦＤ活動調査報告等に関する批判的検討を踏まえて、そのような調査の意義について疑問が提起された。すなわち、杉原委員は次のような指摘をしている。「ＦＤ」(あるいは「教育改善」)というコトバがもつ射程があいまいなまま使用されているため、アンケートに答える側のイメージで意味が規定される。したがって、おのずと同じ「ＦＤの効果があった」という回答でも、そのイメージするところが違ってくることが予想される。また、主には「教育活動」に限定した「教員の能力・資質」が向上したかどうかを尋ねているとも見えるが、何をもって「教員の能力・資質」が向上したと判断するのか、またそれによってＦＤが効果をもったといえる妥当性をもつのかについて考えるすべがない。その他、文脈が捨象されすぎて、ＦＤがひとつの意味をもったシステムとして描かれない、その大学固有の取り組みとして描かれない、内実が見えない、一般教育(教養教育)と専門課程教育との関連性が欠如している、等、調査に関わる問題点が指摘されたのである。

以上の批判を踏まえて、アンケートによる定量的調査は実施しないことになった。そこで、課題研究委員会はＦＤの典型的実践事例を取り上げてケース・スタディ(実地調査を実施すること)に重点を置くことになった。その際の調査項目としては次のことが提案された。すなわち、授業改善活動について(例えば、教育改善の必要性をどのように感じているか、教育改善をどのような形で行っているか）、ＦＤのニーズについて（例えば、ＦＤの必要性を感じているか、ＦＤへの参加をどう奨励しているか）、ＦＤの実施組織について（例えば、どういう組織でＦＤ活動を推進しているか、責任者は、ＦＤの効果の評価を行っているか）、ＦＤの実践事項について（例えば、どのような実施方法、形態をとっているか、どういうＦＤプログラムが必要か、集団向けのＦＤのほかに個別教員向けのＦＤ・サポートを実施しているか）、ＦＤの阻害要因と対応について（例えば、ＦＤ活動を実施していく上で、どういうことに困難を感じているか、ＦＤへの教員の参加率を高めるための工夫は、ＦＤを有効に機能させるためにどのような工夫が必要と考えているか）、ＦＤの義務化について（例えば、ＦＤの義務化への対応は、ＦＤ活動に関する今後の課題は、大学院ＦＤの義務化の影響は）、その他（例えば、ＦＤプログラム参加への報償）等である。

事例研究のために上のような調査項目を用意して、千葉大学と中部大学をまず訪問調査した。また、それに先行して京都大学の調査も行われた（②ⓐ）。その結果、より立ち入ってさらに訪問調査をする必要が認識され、そのような調査の実施をある大学に申し入れたところ、強い拒否反応に出会い、この種の調査の難しさを実感した。そういうことで、「②ＦＤの典型的実践事例を取り上げてケース・スタディ（実地調査）を実施する」という作業は今後の課題として残されている。

五．「日常的ＦＤ」

なお、京都大学における「パイロット・スタディ――京都大学改善・ＦＤヒアリング調査」の学部訪問調査（松下②ⓐ）からは、「日常的ＦＤ」の課題が浮上してきたことを特記しておかなければならない。すなわち、「ＦＤと銘打ってはいなくても、各学部におけるカリキュラム・授業・評価等の改善の中で、実質的なＦＤ（教育能力の開発）が行われていた」事実への注目である。これを松下②ⓐは「教育改善の中に埋め込まれたＦＤ（FD embedded in educational improvement）と呼んだ。松下は、「ＦＤを通じて大学教員を啓蒙し教育改善に向かわせるという発想ではなく、教育改善に伴って行われている日常的なＦＤを明らかにする」必要があることを述べている。

さらに、田中毎実は研究委員会ワークショップにおいてつぎのように意見をのべている。「組織内部での日常的な教育改善がうまくいかないときに、組織の外に、あるいは日常性の外に出て、取り立てての研修としてＦＤを行うことの意味も見えてくる。日常性／非日常性のことについては、設置基準は組織的研修の日常化を規定している。個々の教員の営みを日常的とすれば、日常的なものを組織として共有する営みがＦＤである、となろうか。日常性と非日常性のダイナミックスが問題になるのではないか。」

以上の議論の中で、「日常－非日常」ということは、「自律－制度」、「啓蒙－相互」等々の対比的な概念とかさなり合って、いろいろな課題を浮き彫りにした。日常的ＦＤ（非組織化）を組織化することがＦＤの組織化ということになる。

六．ＦＤの実践内容

さて、「ＦＤのダイナミックス研究」についての議論には、ＦＤの実践内容よりは、ＦＤの在り方論に大きく傾斜しているという特徴が見られる。そのようになった一因は、大学セミナーハウスＦＤ委員であったメンバーの大学セミナーハウスＦＤプログラムにおける経験と、そこで直面した課題の解決に研究の焦点が置かれたということではないだろうか。

ＦＤの実践内容に関する研究については（以下、③ⓗ 井下理・大塚雄作 二〇〇九より引用）、「従来のＦＤ概念の拡張に関係する議論の展開があった。第一の拡張方向は、「学生」である。具体的には「ＦＤ推進における学生視点の意義と重要性」であり、「学生支援」をもＦＤ活動の領域に含めるか否かの議論である。研究ティームで結論にまで至らなかったが、溝上慎一と青野透委員の報告（③ⓐ、③ⓖ）がそこに位置づけられる。」

「第二の拡張の方向は、「職員」であり、ＦＤに加えてＳＤ（スタッフ・ディベロップメント）である。この方向は、佐々木委員と本郷委員が別にラウンドテーブルを設定し、その方向への支流を同時に推進する流れとなっている。」

「第三の拡張の方向は、海外の流れを踏まえた「日本的ＦＤの模索の流れ」である。夏目委員（③ⓗ）・松下委員（③ⓐ）・加藤会員（③ⓐ）の海外事例紹介により駆動されたところが大きい。」

大塚（③ⓖ）は、ＦＤを促す評価の在り方との関連で、「ＦＤ共同体」とでも言うべき、ネットワーク形成の重要性を指摘している。この視点は重要である（後述参照）。

七.「工学的経営学的アプローチ」と「羅生門的アプローチ」

ＦＤが進展しない理由の一つは、日本の大学教員がＦＤを必要としてないということではないか。ではなぜＦＤが大学教員のニーズにならないか。考えてみれば、ＦＤとは教育改善の手段である。何を改善するか、という目標がないところで、手段の実行を要求しても意味がない。そう考えれば、教育についての達成目標の要求がないことが問題なのである。教育の内容の議論があって、目標が立てられ、それを達成するための手段が必要になる。この順序が逆転していることが、問題なのである。したがって、ＦＤ活動のスタートは、「大学教育の目標設定」でなければならない。ここから、「ＦＤのダイナミックス研究」は、意図しなかった展開を見る。

ＦＤモデル構築に関する理論的検討の過程で浮上してきたのが、今日におけるＦＤ把握のメイントレンドとなっている「工学的経営学的モデル」（"Technological - Business Administrative Model"：「技術的経営的モデル」とも訳せる）の可能性と限界である。教育学の領域では、工学的経営学的アプローチの可能性と限界についての議論が、すでに一九六〇年代の後半から繰り返されてきたが、いまだに十分な決着を見ていない。たとえばこの間、日本教育工学会は、一方で、工学的経営学的モデルに依拠する膨大な研究を生み出しつつ、他方で、その大量化に見合うだけの大量の反対傾向をも生み出してきた（③(f)）。

われわれの課題研究でこの論点が避けて通れないことを、論考A（安岡高志③ⓑ）と論考B（田中毎実③ⓒ）が提起したのである（絹川③ⓓ）。

論考Aの要旨を、論考Bは以下のように引用している。「今後の大学改革では、自己点検・評価が基本であり、この自己点検・評価に実効性を期待するなら、Plan-Do-See の Plan に関連して、具体的達成目標、日常の行動目標についての共通認識、達成を測定する評価指標、評価基準を設定しなければならない。組織が目標を達成したければ、達成目標の共有化、行動目標の共有化など、共通認識を浸透させるためにこそFD活動が求められる。つまり、このような共通認識と協調性を涵養することこそが、FDである。FDは達成目標にたいする共通認識を醸造し浸透させる手段である。」

論考Aに対して、論考Bは次のように問題点を提起している。

「大学教育の領域では、一九九〇年代以降、「目標を明確に設定する」とか「PDCAサイクルを回す」といった常套句をともなう「工学的経営学的」（以下、「工学的」）モデルが力をもち、他の一切のモデルを駆逐しつつあるかのようにみえる。このモデルの可能性と限界をきちんと論ずることなくしては、新たな（FDの）モデル設定は不可能である」

「「工学的方法」では、まず一般的目標が立てられ、それがより具体的な特殊目標に分節化される。この測定可能な特殊目標が「行動目標（behavioral objective）」（B.S. Bloom）である。この目標を実現するために教材が作成され、それを用いて教授学習活動が展開される。最後にこの目標の達成を「行動目標」に照らして学習者たちの行動によって評価し、その結果をもとにカリキュラム評価がなされる

（論考B）」

「教育改善はどんな場合にでも、ＰＤＣＡサイクルを回転させることによって達成されると、みなすこともできる。しかしＰＤＣＡサイクルは、教員（たち）が混沌とした教育現実のさなかで自分（たち）を賭けて教育現実を構成する複雑で錯綜した生きた日常的活動からの、粗雑な二次的抽象物であるにすぎない。ＦＤの工学的モデルは、この抽象物をこそむしろリアルとみなし、混沌とした生きた現実をあたかも死んだモノでもあるかのようにとらえて、このモノとしての現実を外から操作しようとする」

「教育学ではかつて「工学的アプローチ」という用語が、「羅生門的アプローチ」という用語に対抗させられる仕方で、用いられた。「羅生門的アプローチ」においても、もちろん一般的目標はたてられるが、それを特殊目標に分節化することはなされない。一般的目標を十分に理解した「専門家としての教員」が「創造的な教授活動」を展開するのであり、「この教授活動によって学習者に何が引き起こされたか、そのすべての結果が、できる限り多様な視点から、できる限り詳しく叙述される。この記述は、さきの一般的目標にかかわる側面の記述に限定されない、という点が重要である。次に、その記述にもとづいて、一般的目標がどこまで実現されたかの判断が下され、カリキュラム開発へのフィードバックが行われる」

「ＦＤについても、〈意図的な計画、それに基づく目標分析、研修内容配列による合理的で分析的な組織化〉（工学的モデル）と、〈目標にとらわれず即興を重視する（つまりむしろ目標からはみ出す部分に着目して研修の多面的な展開を活性化しようとする）総合的な組織化〉（羅生門的モデル）との差異を際だたせることができる」

論考Bに含まれている意図は、世界は分節化されたものの総体ではない、という批判的視点である。目標を設定することにおいて、それ以外のことがすべて捨象されてしまう危険の指摘である。

以上のことは「工学的方法」それ自体が自律性を損なうのではないことを示唆している。自律的に工学的方法を駆使すべきなのである。もちろん、工学的方法には限界があり、自律性を脅かすような要因がないわけではない。しかし、それにも教員の主体性の問題が深く関わっている。「工学的方法」を全面的に避けることはできない。

八．二つのパラダイム

上の論争は一般教育学会の第一次FD調査における「大学教員の自律性仮説」の問題と重なって見える（絹川①(b)）。すなわち、二つのパラダイムの相克に重なる問題である。ここで、一つのパラダイムは「行政的レベルのパラダイム」である。これは、教授会等大学管理組織を含め行政的立場で決める制度レベルの問題の立て方・解き方の総体であるとする。もう一つのパラダイムは「自律的活動レベル」のパラダイムで、「自律性（autonomy）の要求される活動レベルの問題の立て方・解き方の総体」としている。これは大学教員の教育活動や学生の学習活動等、大学の使命や学問の自由の原則を基本とする。

さらに、大学セミナーハウスFDプログラムで直面したレイマンによるFDと専門家によるFDの相克にも重なっている。

本来は「自律的活動レベルの問題を優先的に検討した上で、行政的制度レベルの問題に対処することを原則とすべきであるが、今日の問題状況の多くは、自律的活動レベルをなおざりにしたまま行政的制度レベルでのみ解決しようとする動向に根本的な原因があるとみとめられる」と第一次調査は述べている。

組織体としての大学運営においては、事柄の実行には、両レベルが関わるということは当然のことである。大学の問題は、大学教員の自律的レベルでのみ解決できることでもなく、また行政的レベルでのみ解決されることでもない。両面の活動のダイナミックスが必要とされる。行政的レベルのみでは行き詰まるし、自律的レベルのみでも障壁に行き当たる。両パラダイムのダイナミックスが必要である。行政的レベルが悪であって、自律的レベルが善である、という二項対立図式では、問題は解けない。

九．「FDコミュニティーの形成」

大塚⑶(g)が、「FD共同体」とでも言うべき、ネットワーク形成の重要性を指摘していることを先に述べた。

「FDの日常性」は個々の教員の活動として止まっていては、FD活動としては不十分である。絹川正吉・原一雄（一九八五）は、つぎのように述べた。「大学における教育方法等の改善については、各教員が各様の経験をもっている。それらの多くは各人の内的経験にとどまり勝ちであって、共有の認識にまで発展しない傾向がある。しかし、そのような状況では、教授法の改善を評価することは困難である。積極的に教授法の改善を評価するためには、関係教員が相互に討論できる場を設け、経験を公開させる必要がある」すなわち「ＦＤの日常性」の経験を互いにシェアーすることにより、公的な空間に持ち出す必要がある」教育経験を記録し、公開し、相互に評価する、というシステムを創れ、という主張である。このことはＦＤの実践のコミュニティーの形成を意図することである。ＦＤはコミュニティーとして展開する。「教授団」の強調は実践のコミュニティー形成として捉え直すべきである。

このような考え方は、最近、アメリカにおいて拡がりをみせている「教育・学習の学識（運動）（Scholarship of Teaching and Learning, SoTL）」と重なっている（絹川 二〇〇八「大学教育の実質化のためのＦＤ活動」『大学評価』七号、大学基準協会）。「SoTL は、アーネスト・ボイヤー（Ernest Leroy Boyer）の「教育の学識（Scholarship of Teaching）」に Learning とコミュニティーという要素を組み込んだコンセプトである。大学教員の研究者としての学識が学会というコミュニティーによって担保されるように、大学教員の教育者としての学識は、それぞれの専門性に根ざしながら、学生の学習をエビデンスとして議論しあう教育実践コミュニティーによって担保される（松下②ⓐ）」という実践が SoTL である。

「ＦＤの日常性」は、SoTL の実践において公的にされるのである。別言すれば、ＦＤの実践のコミュニティーを形成するのである。このことにより、ＦＤにおける大学教員の自律性が担保される。「大学教育研究」が自律性を担保するのでなく、SoTL の実践が自律性を担保するのである（絹川 二〇〇八）。

一〇．権利としてのFD

夏目達也 二〇〇九 ③ⓗ は、日本におけるFDが大学の義務として法制化されていることを論じて、法制上はFDの実施義務は教員個人に課せられたものではないが、義務として教員に受け止められる要因がある、と述べている。「義務と捉えられる限り、FD研修・研究への積極的な参加を教員に促すことは難しい。しかし、これを権利として捉え直すことは不可能ではないと思われる。諸外国ではFDを教員の権利を実現・拡大するものとして積極的にとらえようとする動きがみられる。」その背景は日本の条件と異なる。羽田貴史・夏目達也・加藤かおり・渡利夏子・ほか 二〇〇八「FD（教員職能開発）ネットワーク化の動向と課題」（高等教育学会第一一回大会発表資料）はつぎのように述べていることを夏目は引用している。「アメリカではFDは教員に対する大学による支援であり、サービスとして位置づけられている。終身雇用を前提とせず、能力や成果による給与体系を主体としており、教員の自責（自己責任）に対する評価を通じて、教員の教育の質を管理している。アメリカの研究大学を含む多くの大学では、教育活動に対する業績評価を重視する傾向がみられる。その一方で、テニュア取得率の低下など、雇用環境が全体に厳しくなっている。この状況の中で、専門職としての職務遂行能力、その一部としての教育能力を獲得・向上することは教員職、それも安定した職を得ること、さらに雇用条件を改善することにつながる。

ＦＤは職務遂行能力を獲得・向上させる手段としてとらえられている。」すなわち、アメリカの教員にはＦＤは必要であるが、日本の教員にとっては、ＦＤは必ずしも必要であるわけではない。ＦＤのニーズが日本の大学教員にはない。以上のことは、ＦＤは義務か権利かという葛藤を孕んでいる。ここにもＦＤに関わるダイナミックスの相が表れている。ＦＤは義務か権利か、この問は大学の社会的条件に深く関係する問題で、教員の努力では解決し難い。

二．「大学教員」か「大学教授職」か

本課題研究の総括シンポジウムで寺﨑昌男学会長（当時）は重要なコメントをしている（寺﨑昌男二〇〇九（③⑴）。「ＦＤの理解や概念の追求と並んで、「ＦＤ活動の舞台としての大学そのもののあり方を問うていく視点が必要ではないかと考える。より実践的に言えば、「専門職能力の相互成長の場としての大学をどう作るか」という課題である。私（寺﨑）はあらためてＦＤ問題を考える自分自身の基本的資格を自覚させられた。それは教育評価・教員評価とＦＤとの関係ではなく、「ＦＤとアカデミックフリーダムとの関係」である。……教員のプロフェッショナリティーの自覚と成長およびその保証を目指すＦＤのあり方を探る、ということになる。」

以上の見解は、ＦＤという発想の原点に教員評価の課題を置く絹川の見解（絹川正吉・原一雄　一九八五）と微妙にずれている。（寺﨑会長〈当時〉は、「見解の相違」という表現をシンポジウムの席上では使われた。）この論

点は、課題研究「ＦＤのダイナミック」研究において明らかにされたＦＤをめぐる葛藤の諸相を総括するものと位置づけられる。「大学教員」と「大学教授職」の相克である。これらの相克においてＦＤのダイナミックスが問われているのである。

有本章（二〇〇八）は、「大学教授職＝大学教員」という表現を用いながら、「大学教授職は単なる大学教員ではなく〝専門職〟である」と述べている。「大学教授職は概して長期の教育暦、学識、学問の自由、職業倫理、社会的権威、高い学問的生産性などと関わる特色をもっている。……そこに固有に発達した文化には、専門分野の学識＝スカラーシップに通じ、〝学問の自由〟を尊重し、〝学問的生産性〟を追及し、職業倫理に対する自己統制力を備え、概して社会的威信をもつ、といった特徴が見られる。」

「大学教授職」は真理の探究を至上の価値とする。そういう「大学」はそれ自体として存在理由を有し、その構成原理はアカデミックフリーダムである。このように理解される「大学」を、「理念型大学」と仮にいうことにする。「理念型大学」の中心的構成メンバーとして、「大学教授職」は意味づけられる。寺崎会長（当時）は「理念型大学」を前提にしている。それに対して、「大学教員」が属する「大学」は社会の要請にその存在根拠を有する機関である、という視点がある。社会の必要により「大学」の存在が可能になるのであって、「大学」は自己目的的ではあり得ない。このような大学を仮に「社会型大学」ということにしよう。「理念型大学」と「社会型大学」とは相反するのではない。しかし、両者間には微妙なズレがある。この相克は、かっての専門学部と教養部の相克にも重なっている。

三、大学の論理としてのFD

なぜFDであるか。FDは大学の論理でなければならない。大学の論理とは、大学が大学である在り様のことである。「社会的大学」の営みの中核は教育である。そこでの「大学の論理」は学生の「学習支援の論理」でなければならない。教授会・教員の責任は教育の質の担保である。自律性とは、教育の質の担保責任を自らの意思で担うことである。FDはそのためのものである。Faculty の自律性に基づくFDが教育の質を担保する。教育の質を担保する自己責任の営みとしてFDを位置づけるのである。「社会的大学」における教授会の自治の本義はここある。大学教員の自律性が犯されては、大学の論理は成り立たない。FDが大学教員の自律性に託されていることを軽視してはならない。にもかかわらず、現実には、大学教員の自律性は仮説である。この仮説が公理として大学教員の間で共通に認識されるまでは、FDは大学教員の自律性に期待することはできない。そこに行政レベルのパラダイムと自律性のパラダイムの力学的関係は継続する。これを正当に機能させるための方策として、行政パラダイムの下でのFDは、教員へのサービスに徹底することを提唱するのである。サービスを受けるか否かは教員が自律的に決めることである。こうして二つのパラダイムの相克を統合する契機が生まれる。行政と教授会はFDについて協定を定める。そして、FD委員会を教授会の常置委員会として位置づけることが、FDのダイナミックスの第一歩である。

一般的FDはサービス（行政主導）として行うのに対して、専門（Disciplines）に関わる教育能力開発（専門ＦＤ）は、教員の自律性に基づかざるを得ない。専門ＦＤの自律性支援策として、専門ＦＤ実践に対して、評価と報償制度を開発することも、自律性が仮説である限り必要なことである。これは行政の責任であり、制度化すべきことである。

三．ＦＤのダイナミックス

課題研究「ＦＤのダイナミックス」研究によって、ＦＤをめぐる相克・葛藤の諸相をわれわれは明らかにしてきた。行政レベルのパラダイムと自律性のパラダイム、ＦＤの非日常性と日常性、ＦＤの義務と権利、大学教授職と大学教員、の相克・葛藤は、容易には解き難い。しかし、そういう困難こそが「ＦＤのダイナミックス」なのではなかろうか。相克・葛藤はエネルギーなのである。

参考文献

有本章（二〇〇八）『変貌する日本の大学教授職』玉川大学出版部
大学セミナーハウス編（一九九五）『続・大学は変わる』国際書院
原一雄（一九九九）「セッションⅠ（「ＦＤ活動の具体的展開」）大学教育学会誌二一－一号。
井下理・大塚雄作（二〇〇七）「ＦＤのダイミックス（その二）―第一次調査のフォローアップと新たなモデルの構築―」大学教育学会誌二九－二

井下理・夏目達也（二〇〇八）「ＦＤのダイナミックス（その四）―第一次調査のフォローアップと新たなモデル―」大学教育学会誌三〇－一
絹川正吉（二〇〇四）「一般教育学会におけるＦＤの展開」『新しい教養教育をめざして』大学教育学会二五年史編纂委員会編、東信堂
絹川正吉（二〇〇七）「ＦＤのダイナミックス」大学教育学会誌二八－二
絹川正吉（二〇〇八）「ＦＤのダイナミックス（その三）」大学教育学会誌三〇－一
絹川正吉（二〇〇八）「大学教育の実質化のためのＦＤ活動」『大学評価』七号、大学基準協会
絹川正吉（二〇〇九）「ＦＤの今後の課題―ダイナミックス研究からの提言―」大学教育学会誌三一－一
絹川正吉・原一雄（一九八五）「大学教員評価の視点」『一般教育学会誌』七－二
松下佳代（二〇〇七）「課題研究「ＦＤのダイナミックス」の方法と展望」大学教育学会誌二九－一
宮腰賢（一九九九）「大学セミナー・ハウスのＦＤ事業」ＩＤＥ四一二号
夏目達也（二〇〇七）「諸外国におけるＦＤの組織化の現状」大学教育学会誌二九－一
夏目達也（二〇〇九）「ＦＤの実施義務が提起しているもの―諸外国との比較による若干の考察」大学教育学会誌三一－一
杉原真晃（研究委員会ワークショップ・発表）
鈴木敏之（二〇〇八）「ＦＤに関する論議と当面の改革の課題」大学教育学会誌三〇－一
田中毎実（二〇〇九）『ＦＤのダイナミックス―大学教育学会　課題研究報告書』
田中毎実（二〇〇八）「ＦＤの工学的モデルとその生産性の回復のために」大学教育学会誌三〇－一
田中毎実（二〇〇九）「「ＦＤモデル」の構築可能性」大学教育学会誌三一－一

田中毎実・井下理（二〇〇六）『ＦＤのダイナミックス（その一）』大学教育学会誌二八－二
田中毎実・井下理（二〇〇七）「シンポジウムⅢを司会して」大学教育学会誌二九－一
建部正義（二〇〇三）「大学セミナー・ハウスにおけるＦＤ」ＩＤＥ四四七号、民主教育協会
寺﨑昌男（二〇〇九）「（指定討論者コメント）大学文化と融合したＦＤへの期待をこめて」大学教育学会誌三一－一
山内正平（二〇〇七）「ＦＤの二〇年を振り返って」大学教育学会誌二九－一
山内正平（二〇〇八）「ＦＤのダイナミックス―新たな実践に向けて―」大学教育学会誌三〇－二
安岡高志（二〇〇八）「目標達成のためのＦＤの在り方について」大学教育学会誌三〇－一

第五章　課題研究「ＳＤの新たな地平」の取組み

今田　晶子
（ＳＤの新たな地平研究委員会）

はじめに

本稿は、大学教育学会の課題研究として二〇〇八年にスタートした「ＳＤの新たな地平」に関する報告であり、立ち上げの経緯、その後の活動展開、現在までの到達点、ならびに今後の展望について述べようとするものである。

当課題研究は、当初四名で発足し、現時点では、佐々木一也（立教大学）代表、今田晶子（立教大学）、清水栄子（公立大学協会）、寺﨑昌男（立教学院）、秦敬治（愛媛大学）、本郷優紀子（桜美林大学）の六名となっている（今田以下は五〇音順）。課題研究は三年間の活動を一区切りとするものであるので、執筆時

（二〇〇九年九月）においては研究は途上にあり、従って現在までの報告であることをあらかじめご了解いただきたい。また、ここに報告する内容は、当課題研究グループでのディスカッションと合意を前提としてはいるが、筆者の責任において記述するものであることについてもご了解いただきたい。

なお、記述の範囲は、当課題研究が承認され正式に発足した二〇〇八年六月からではなく、それに先立ち、前年の二〇〇七年に開催したラウンドテーブルから現在までを主たる対象とする。加えて、当研究グループ自身による企画ではないが、当課題研究に深い関わりもつものとして位置付けられる二つのシンポジウム――二〇〇四年一一月の課題研究集会において開催されたシンポジウム「教学支援と大学改革――ＦＤ、ＳＤからＰＤ（Professional Development）へ――」、ならびに二〇〇八年六月の第三〇回大会時に開催されたシンポジウム「大学における教育力を考える――教員と職員のコラボレーションの視点から――」――の成果もその範囲に収めることとして、二〇〇九年九月現在までを振り返る。

一．企画の意図

当課題研究の正式名称は、「ＳＤの新たな地平――『大学人』能力開発に向けて」である。ＳＤは、Staff Development の頭字語であり、大学教育学会のメンバーにとっては今日では充分になじみのある言葉になってきたのではないかと思われる。しかしながら一般的にはどうかというと、筆者は私立大学に勤務する職員であるが、最近になって勤務先大学の教員から「ＳＤとは何のことですか」という質問を何度か受けた。つまり、大学関係者の耳に少しは触れるようになってはいるが、まだまだ大学内にも浸透していない状況ということができよう。

ＳＤに類する言葉としてＦＤがある。Faculty Development の頭字語である。こちらは、二〇〇七年の大学院設置基準改正と二〇〇八年の大学設置基準改正によって、いわゆる「ＦＤの義務化」が行われて以来、大学関係者で知らない人はいないと言ってよいであろう。そして、日本における「ＦＤ」の議論の端緒ならびにその後の展開に関し、当学会が、一九八六年に日本で始めて「ＦＤ」という言葉を使用して以来、先導的かつ重要な役割を果たしてきたことは周知のとおりである。

ＳＤが日本で論じられるようになったのは、おおよそ二〇〇〇年頃である。一九九七年に職員を主たる構成員とする大学行政管理学会が設立され、二〇〇〇年以降、大学職員を対象とするいくつかの大学院が開設されるなどの動きがあった。ＳＤは Staff Development であると述べたが、Staff には二つの定義があるとされる。すなわち、一方は Staff を職員とする考え方であり、日本におけるＳＤはこれまでのところこちらの捉え方が主流となってきた。これに対し、大学の勤務員全般を Staff とする考え方があり、この考え方に従えば職員だけでなく教員もまた Staff ということになる。

ＦＤとＳＤの関係については、ＦＤは教員の職能開発であり、ＳＤは職員の職能開発であるというように、両者は並置して捉えられ、お互いに独立したものとして論じられてきたように思う。

しかし、大学がその社会的な責任を果たそうとする時、教員と職員にはそれぞれの責務が発生するのであるが、その目的は共有されているはずである。そうであるとすれば、それぞれの役割と共通する役割、加えて両者の関係のありようを抜きにしては、大学の営みは語れないのではないか。そこで、大学教育を充実させる担い手である大学人の能力を、新たな視点で捉えなおそうというのが、本課題研究の意図である。その意味を込めて、課題研究の名称を「ＳＤの新たな地平――『大学人』能力開発に向けて」と定めたのである。

さて、この課題研究が企画されたのは二〇〇六年のことであり、大学教育学会においても、ＳＤはそれほどなじみあるものではなかった。他方、ＦＤをテーマとする活動はそれまでにも増して活発であったのであるが、そのような状況下における当時のメンバーの意識をいくつか挙げておく。

・ＦＤの議論は拡がり深まっていっているが、それは教員だけで論じられることが多く、大学の構成員である職員の意見があまり反映されていない。しかし、それで充分なのか。

・ＳＤの内容を考えるとき、ＦＤにとっても重要と思われるものがある。あるいはその逆もある。ＳＤとＦＤで開発・獲得すべき知識や技能には共通する部分があるのではないか。

・教員と職員がより連携すれば、大学教育を一層活力あるものにすることができるのではないか。

こうした関心を背景に、課題研究の趣旨をまとめ、学会に提案を行ったのである。

「本研究は、従来のＳＤに十分にはなかった教員との関係の観点からＳＤを捉え直すことを目的とする。教員と職員の接点を中心に実態調査を行い、その中から教員と職員が大学教育の共通目標を持つための環境や条件を特定する。そして両者が有機的な連関を持ち合える『大学人』としての

あり方をも究明したい。」（佐々木一也執筆による「学会課題研究（承認）申請書」からの抜粋）

以上を整理すると、まず一九八〇年代半ばにＦＤが登場し（図1）、その後二〇〇〇年頃に、ＳＤが登場したが、ＦＤとＳＤは別々のものと捉えられがちであった（図2）。それを（図3）のように、重なり合う部分があるものとして捉え考察してみようというのが、当課題研究のスタート時にメンバーの念頭にあったイメージである。

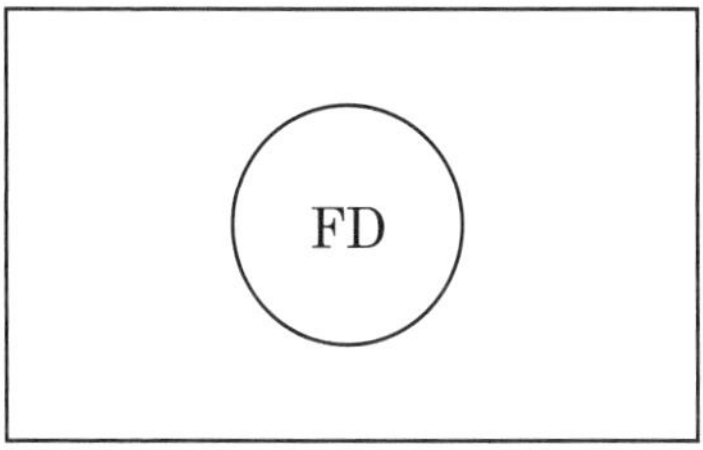

図1　FD　1980年代半ば

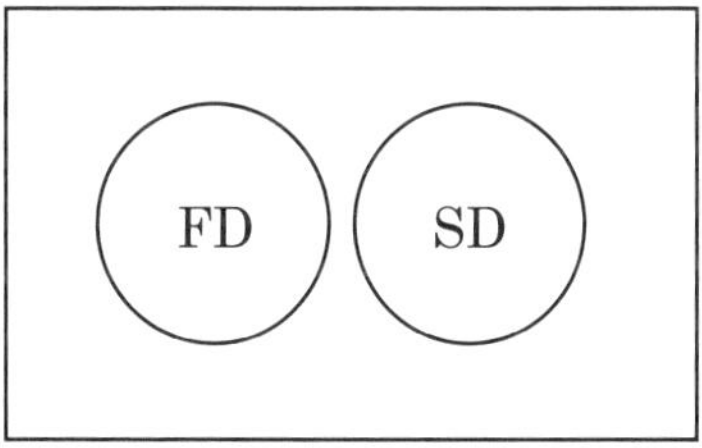

図2　FD＋SD　2000年代～

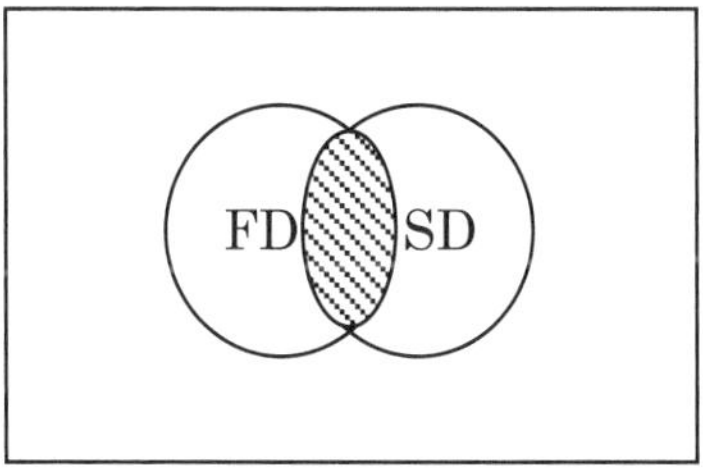

図3　当課題研究企画当時　2006年

二．課題研究の展開

当課題研究は二〇〇八年三月に学会により承認され、それ以降、正式な活動を開始した。先述したように、学会の課題研究となる前からメンバーによる活動は開始されており、前年の二〇〇七年に初めてのラウンドテーブルを開催し、二〇〇八年、二〇〇九年とこれまでのところ合計三回のラウンドテーブルを開催した。また、二〇〇八年度からは、秋に開催される課題研究集会においてシンポジウムも開催するようになった。これまでに実施したラウンドテーブルとシンポジウムの、テーマならびに登壇者は（表1）のとおりである。

表1　課題研究「SDの新たな地平――『大学人』能力開発に向けて」の各企画

⑴ラウンドテーブル「SDの新たな地平――『大学人』能力開発に向けて」

日時：　二〇〇七年六月九日（土）
場所：　東京農工大学（第二九回大会）
報告者：
　今田　晶子（立教大学大学教育開発・支援センター課長）「私学職員教学改革の経験から」
　秦　敬治（愛媛大学）「私学職員と国立教員の経験から」
　関根　秀和（大阪女学院大学）「大学経営の立場から」
司会：　佐々木一也（立教大学）、木野　茂（立命館大学）

⑵ラウンドテーブル「SDの新たな地平――『大学人』能力開発に向けて（その2）」

日時：二〇〇八年六月七日（土）
場所：目白大学（第三〇回大会）
報告者：
清水　栄子（公立大学協会事務局主幹、前安田女子大学学生部学生課主務）「私学職員の経験から」
横田　利久（中央大学総合企画部本部担当副部長、法人系属・合併協議運営室）「大学行政管理学会の立場から」
逸見　勝亮（北海道大学理事・副学長、附属図書館長、大学文書館長）「国立大学経営人の立場から」
奈良　雅之（目白大学人間学部心理カウンセリング学科教授、大学院心理学研究科教授）「私立大学教員の立場から」
司会：秦　敬治（愛媛大学）、佐々木一也（立教大学）

(3)シンポジウム「『大学人』能力開発に向けて――国立大学の現在――」

日時：二〇〇八年一二月七日（日）
場所：岡山大学（課題研究集会）
シンポジスト：
貝田　綾子（東京大学分子細胞生物学研究所事務長）「大学職員発の知識――東京大学業務改善の取組から――」
山崎　淳一郎（山形大学マネージングプロフェッサー、研究プロジェクト戦略室教授、企画部副部長）「山形大学SDと大地連携――若手職員発の大学改革の展開――」
山本　淳司（京都大学総務部事務改革推進室長）「国立大学における職員の能力開発――職員の能力開発を個人の立場からふり返る――」
羽田　貴史（東北大学高等教育開発推進センター高等教育開発部長、教授）「国立大学事務職員論から『大学人』論へ」
司会：佐々木　一也（立教大学）

(4)ラウンドテーブル「教員が求める職員像――自律的に活動する活動する大学を目指して――」

日時：二〇〇九年六月九日(土)
場所：首都大学東京（第三一回大会）
報告者：
山内　正平（千葉大学普遍教育センター教授）「学習目標達成のための協働を目指して」
竹中　暉雄（桃山学院大学教授）「頼りになる戦友――本学の〈教・職〉連携を点検して――」
木野　茂「立命館大学共通教育推進機構教授」「大学人としての教職協働を考える――公立大学と私立大学の経験から――」
指定討論者：
上田　理子（札幌市立大学地域連携担当課長）
古矢　鉄矢（北里大学学長室長・事務副本部長）
司会：佐々木一也（立教大学）、秦　敬治（愛媛大学）

振り返ってみると、二〇〇七年ラウンドテーブルは、この課題に関する問題提起の場であった。そこにおいては、私立大学職員、私立大学の職員の経験を持つ国立大学の教員、私立大学学長の三名が、それぞれの実践をとおして考える当研究課題へアプローチを展開した。以降、各企画から得た示唆を深める形で次の企画を立てることを繰り返して現在に至っているのであるが、続く二〇〇八年のラウンドテーブルでは、私立大学職員の経験と、教員・大学経営の立場から見る職員の置かれている状況、職員への期待が報告された。この時には、国立大学の理事と大学行政管理学会会長という立場の方からの報告も含まれていた。また、同大会の開催校企画シンポジウムは「大学における『教育力』を考える――

教員と職員のコラボレーションの視点から――」と題したものであったが、当課題研究は開催校からの依頼を受けてこのシンポジウムに協力し、メンバー三名が、シンポジストならびに司会者として登壇した。その際、フロアから受けた発言のなかに、国立大学の教員からの意見・質問が目立ったことを受け、同年一二月の課題研究集会におけるシンポジウムでは、国立大学の状況に焦点を当てるという選択をした。この時のシンポジウムでは発表者のほとんどが職員であったのであるが、それに対するフロアからの発言では、教員の意見発表が活発であった。そこで、翌二〇〇九年のラウンドテーブルにおいては、教員サイドから「職員はどのように見えており、何を期待するか」ということを発表してもらい、指定討論者として二名の職員がコメントを述べるという構成とした。

各回の企画を立てる際には、当該企画の前回までに報告者から報告された内容と登壇者ならびにフロアから受けた意見をもとに次の企画を立てることを繰り返してきた。そのように一回一回を積み重ねることによって、当課題研究に関する問題関心が学会のなかに広まってきているのではないかと思う。また同時に、会員と意見交換を行うことによって、論点の洗い出しと枠組みの構築を行うことが徐々にできあがってきており、現在はそのとりまとめを行っている段階である。

各企画には、毎回多くの参加者に集まっていただいており、企画者としては非常に手応えを感じるところである。特に、初回の二〇〇七年のラウンドテーブルにおいて一〇〇人近い参加者を得たことは我々の大きな自信につながった。この時以来、多くの職員の参加を得ており、大学行政管理学会の職員研究グループなど当学会の会員でない方の参加も多い。教員の参加と発言もたくさん受けている。また、大学の設置者別にみれば、国立大学からの参加と発言も教員・職員ともに活発であり、この点は企画側の当初の想定を超える喜ばしい現象である。

運営上のことについて述べれば、二〇〇八年度に課題研究と認められて以降、学会から補助金を受けるようになったおかげでいくつかの工夫を行うことが可能となり、内容の充実につながっている。そのひとつは、ラウンドテーブルとシンポジウムの本番の一ヶ月ほど前に登壇予定者に一度集まってもらい、それぞれの発表内容を共有しすり合わせた上で本番に臨むというプロセスを採っていることであり、補助金から交通費を手当てすることにより実現している。また、ラウンドテーブルとシンポジウムの本番の音声記録を行い、専門業者に依頼し筆録として残している。これにより毎回の成果を正確に振り返ることが可能になった。研究メンバーによる打ち合わせも、登壇予定者との事前打ち合わせとは別に企画ごとに行っている。二〇〇九年夏には合宿形式によって行い、これまでの到達点の整理と今後の活動計画について時間をかけて討議することができた。

三　浮かび上がってきた論点

これまでの活動を通じて、現在までに浮かび上がってきた論点は、おおよそ次ページ1以下の点に集約することができる。なお、当課題研究グループでは、我々の企画によるものではないが、大学教育学会において開催されたこの課題に極めて深い関わりのあるシンポジウムが二つあると考えおり、それは、二〇〇四年に実施されたシンポジウム「教学支援と大学改革――FD、SDからPD（Professional Development）へ」と、先にも触れた二〇〇八年の「大学における『教育力』を考える――教員と職員のコラボレーションの視点から」である（詳細は表2参照）。そこで、論点の整理にあたっては、それら二つのシンポジウムと、二〇〇七年から開始した三回のラウンドテーブル、二〇〇八年課題研究集会におけるシンポジウムを対象とした。

表2　関連企画

(1)シンポジウム「教学支援と大学改革――FD、SDからPD（Professional Development）へ――」

日時：　二〇〇四年一二月五日（日）
場所：　立教大学（課題研究集会）
シンポジスト：
西田　邦昭（立教大学教務部長）「教学改革とマネジメントスタッフの役割――組織改革と人材育成――」
江口　正樹（新潟大学専門職員（教務企画調査））「新潟大学における大学改革と教員及び事務職員の連携」
山本　眞一（筑波大学大学教育センター長）「大学の機能変化と職員の役割――教学支援と大学改革」
指定討論者：
　関根　秀和（大阪女学院大学）
司会：　松岡　信之（国際基督教大学）、今田　晶子（立教大学）

(2)シンポジウム「大学における『教育力』を考える――教員と職員のコラボレーションの視点から――」

日時：　二〇〇八年六月八日（日）
場所：　目白大学（第三〇回大会）
シンポジスト：
　長野　佳恵（目白大学）「全員参加型の入口対策――キーワードは『併走』――」
本郷優紀子（桜美林大学）「学生の学びの支援と職員の教育参加」
浅野　昭人（立命館大学）「立命館大学における教育力の設計――これからの大学職員像――」
今田　晶子（立教大学大学教育開発・支援センター課長）「『コラボレーション』の前提を考える――教員・職員関係論の試み――」
指定討論者：
　安岡　高志（立命館大学）
司会：　佐々木一也（立教大学）

1　意識改革・モチベーション

大学が置かれている状況が変化する中で、職員の担う業務が拡張し重要度が増してきている。それに応える人材として育っていくためには、職員の意識変革が重要であることが指摘された。職員の自己啓発を促進することを一つの目的として、国立大学では「職員キャリアガイド」の作成を行っているところがあり、それは、知識・能力を明示化して自己啓発を促進するとともに、職員キャリアパスを考える手掛かりともなるものと位置付けられていた。

2　支える制度

職員の意識が変わるためには、制度上の保証が欠かせないという指摘もあった。一例として、各種の委員会に職員が陪席者としてではなく、正規のメンバーとして教員と対等に参加できることが挙げられた。また、制度を作っても機能するとは限らないが制度がないと職員が頑張り続けることは難しい、組織・制度の変更はボトムアップでは実現できないとの意見が述べられた。

より根源的な指摘もあった。すなわち、待遇における教職員格差、職員の系列内格差、プロパー職員・技術系職員・非正規職員などによる違いである。

3　教職協働の契機

登壇者の報告によれば、教職協働は多くの場合、危機的な状況あるいは大規模な変革に伴って発現していた。それらは例えば、キャンパス移転、入試における過誤、国立大学法人化、教養教育の全面的改革、新学部創設などであった。

4　教職協働の局面

教員の多忙化が職員の業務範囲の拡張・変質につながっているとの職員側からの指摘があった。教員の側からも、増え続ける負担を職員の力を借りて軽減したいとの期待が述べられた。

具体的に挙がった例は、正課外活動での教職員の役割の変化、新学部創設、共通教育などの全学規模のカリキュラム改革などであった。

5　教員と職員の関係の変化

職員は、これまでは教員のサポート役であったが、教員とともに企画・運営を担当するというパートナーの役割を果たす場面が出てきているとの指摘があった。類似の指摘として、業務範囲の拡張・変質に伴い新たに生まれてきている業務については、教員が担当するのか職員が担当するのかの切り分けが難しいものがあることも指摘された。

このようなグレーゾーンは職員が積極的に担当すべきとの意見や期待も述べられた。これに対し、教員と職員は本来責務が異なっているのであるから、その点からの吟味を欠かしてはならないとの意見もあった。

また、これまで大学は行政部分で教員に依存してきたが、職員が能力向上を図ることは、教員が教育・研究に一層注力できる状況を実現することにつながるとの指摘もあった。

6　国立大学の状況

国立大学、公立大学および私立大学におけるそれぞれの状況は、職員の採用形態や人事異動に関して異なる点が多く、その相違に配慮して議論を進める必要があることが認識された。

特に国立大学の状況に関する報告や意見は多く、例えば、教務・学生関係は大学の中核であるのにもかかわらず低い位置付けであるなど、組織構造から生じている事柄があることが指摘された。また、教員に比して職員は削減の比率が高く、特に技官・教務助手などの専門職が減少しており、教員を圧迫する一要因になっているとの報告があった。

7　教員および職員の研修

職員研修はジェネラリスト養成を標榜しながら内容的にはスペシャリスト養成になっているなど体系化されていないとの指摘があった。

教員からは、職員対象の研修が職員のみで企画・実施されており、課題を共有しているはずの教員に対して閉じていることへの疑問が呈された。

これに関連し、お互いの状況が共有されなくては意思疎通が図れず、教職協働の基盤が弱いのでまずは教職浸透の必要がある、教職協働以前に職員同士の「職職協働」が出来ていない、職員は上司に対してよりも教員に対しての方がまだしも発言しやすいなどの指摘もあった。

8　「大学人」というカテゴリー

従来「大学人」というと教員のことを指していたのに対し、教員と職員を総合して「大学人」と呼ぶという当課題研究グループの考え方について異論が述べられたことはなかった。

現在は教員・職員とも定常業務以外の知識・技能をもつことが従来以上に求められており、それは大学人としての教養と言い換えられるとの意見があった。さらに、教員・職員ともに共通する「大学人」の教養として、カリキュラム・学生・社会的状況における大学の在り方などが挙げられた。

職員に求められる資質・能力については、教員と共通であり、それは倫理観・責任感・コミュニケーション能力、問題発見・解決、政策立案・実行、高いリテラシー、社会人としての教養と見識であると述べられた。

また、職員が教育活動に関与する度合が強くなっていることに関連して、学生のことをよく知っているのは職員であり授業担当以外の教育活動を行ってもいるので、広い意味で教育活動担当者となっている、教育活動担当者としての資質・能力は、教員・職員の双方に求められるとの指摘があった。

9　大学経営の中での教員と職員の関係

ボトムアップとトップダウンのバランスが重要である、新たな意思決定システムの構築としてボトムアップに基づいたトップダウンというやり方が有効であったなどの指摘があった。意思決定システムの変容をＵＤ（University Development）と表現した大学があった。

また、環境そのものが教員と職員の関係をフラットにしており、大学構成員が主体的に参画して大学運営を行うための「大学コミュニティーづくり」が重要である、教員と職員のコミュニケーションを通じて共有できる価値が作られることが重要である、などの意見があった。

職員の成長は「教育」の充実につながるものであるが、これまでの職員研究においては、教育研究支援の観点から行われているものは少ないとの指摘もあった。

まずは大学管理運営論が必要であるとの意見もあった。その理由として、学長・副学長と中間管理職を一括りにした論議や、職員と教員を区分した大学職員論となってしまうことへの危惧が挙げられた。教員・職員を含めた新しい職員像は大学管理運営論のもとで論ずることが可能になり、その際には「教職協働論」が重要であろうとの指摘であった。

10　「教員・職員関係論」

二〇〇八年のシンポジウムの際に筆者が試みた「教員・職員関係論」も、関連する事柄として記しておく。当課題研究の趣旨文には「教員との関係の観点からSDを捉えなおすことを目的とする」という表現があり、SDとFDを考える際には教員と職員の関係は避けては通れないものであると捉えられているので、一度整理してみたいと思い、試みたものである。「車の両輪モデル」「プロジェクトモデル」「アカデミック・コミュニティモデル」の3モデルを提示し、共感の声をいただくことができた。詳しくは、学会誌第三〇巻第二号に掲載されている記録をご参照いただきたい。

四．今後の課題と展望

現在、当課題研究は、準備期間を加えれば三年間弱を終えたところである。二〇〇九年八月には課題研究メンバーで合宿を行い、これまでを振り返って現在の到達点を確認すると同時に、今後約一年半にわたる活動展開についておおよその計画を立てることができた。

1　今後の課題

後半の活動に向けては、以下の五つの課題を設定し次のステップに踏み出すことで合意している。

(1)　大学としての課題

現在の大学には、「教員、職員がそれぞれにやる」のでは乗り越えられない課題があり、それは増加する傾向にある。課題を克服しようとする時、とりわけ困難な場面において、教員と職員の協働が発生しており、それが全般的な教職協働への期待につながっている。

すなわち、教職協働が課題なのではなく、その前提として、大学としての課題が存在するという認識である。

(2)　学生という課題

大学の社会的な責任には、教育、研究推進、社会貢献、地域連携などがあるが、その中で第一に挙げられるべきは高等教育の提供と充実であろう。そこに着目すると「学生」が登場してくるのであり、学生を視野に入れてＦＤ、ＳＤを論じることの必要性と重要性が、幾たびも指摘されてきた。

「学生」からの視線を思い描いて見ると、教員・職員はそれぞれ別のものではなく「教職員」として同一に捉えられることも多いであろう。学生というアクターを登場させることは、「教員」と「職員」という陥りがちな二項対立から脱却するために有効なアプローチでもあるので、学生の視点を取り入れながら教員、職員の能力開発の考察を行う。そのことはさらには学生の能力開発とも重なる可能性がある。現時点でイメージしているのは、図4のようなイメージである。

(3) 教員・職員それぞれの責務と、それぞれの専門性

教職協働が論じられるということは、翻ってみれば、教員と職員の責務がそもそもは異なっているということである。上述の「(2) 学生という課題」では共通性に着目するのに対し、共通性を論じる前提として、それぞれの責務は何か、それを果たすために求められるもの――言い換えれば専門性――は何かについて考察する必要があろう。

(4) 相互理解の必要性

教員と職員の相互理解のみならず、教員間の相互理解および職員間の相互理解の必要性について多数の指摘があった。教員文化、職員文化、職職協働、教職浸透などの言葉で語られた相互理解は、どのように促進できるのか。

(5) 組織的裏付け

SDを進めるにあたっては、制度改革と意識改革の双方が必要であることが確認された。どのような制度が保証されればよいのか、制度を機能させるために必要な要件は何か、制度改革と意識改革のどちらを優先すべきか、など組織に関わる部分を取り上げる。

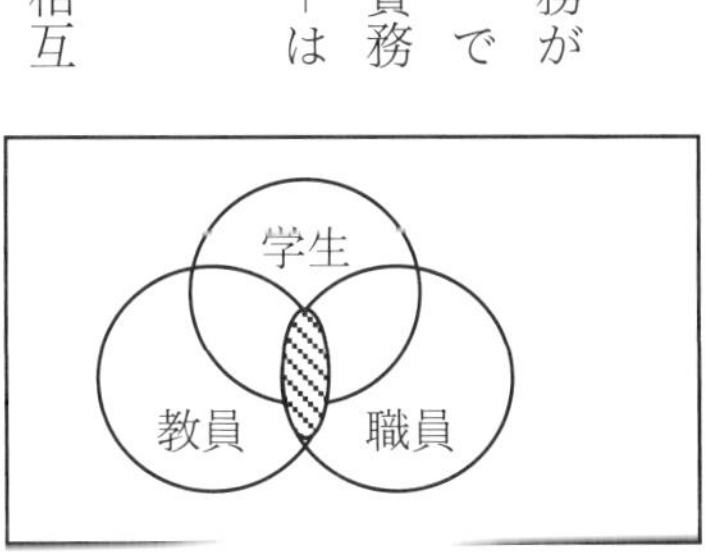

図4　新「大学人」

2　今後の展望

今後一年半に及ぶ後半の活動展開にあたっては、まずは以上の課題設定についての議論を会員に公開する。すなわち二〇〇九年一一月の課題研究集会におけるシンポジウムで現在までの到達点を提示し、フロアからの意見を求める予定である。その後、それをベースに、当学会員を中心とした大学関係者にアンケートを実施し、二〇一〇年度の第三二回大会時に開催するラウンドテーブルにおいて、アンケートの集計結果を報告する。その先は、同年の課題研究集会におけるシンポジウムにて当課題研究の成果を発表し、それを経て報告書を作成することを計画している。

ところで、これまで課題研究を進めてきた過程において、研究を困難にしているいくつかの要因が認識されてきている。

一つは、国立・公立・私立という設置形態あるいは個別大学によって教員と職員の有り様が異なっていることである。もう一つは、個々人の経歴や経験によって、リアリティに違いがあることも明らかである。アンケートの実施および分析にあたってはこの二点について慎重に配慮する必要があると認識している。

「大学経営」が現在直面している課題が、この研究に落とす影も大きい。それは、①国立大学における経費削減と、②私立大学における非正規雇用者の増加であり、背景にあるのは、日本の大学財政基盤の脆弱さであると言っても過言ではない。

おわりに

大学教育学会は、教養教育の実践の場を中心に、そのことに取り組む志をもった教員の共有の場・研鑽の場として進展してきたと聞いている。近年、会員数は増加しており、大学職員の学会への加入も多い。教員と職員が共に考える場としてふさわしい場になっていることが実感される。実際、当課題研究のメンバーも教員と職員の混成メンバーであり、日頃から同等な立場で意見を述べ合っている。

このようなことが実現する場は、現在のところ大学教育学会をおいて他にはなく、当課題の研究を展開する場としてもっともふさわしい場であると確信している。

第二部　支部活動報告

【大学教育学会北海道支部】

坂井　昭宏（桜美林大学）

はじめに――その経緯

平成一四年一月末、北海道在住四理事（坂井昭宏常任理事、太田一男理事、平尾三郎理事、小笠原正明理事（現会長））が懇談し、その合意に基づいて、同年三月二七日、北海道大学教育情報館において支部結成準備会が開催された。この準備会では、絹川正吉氏（元会長、現常任理事）が「教養教育と地域連携」という題で講演を行った。これに続いて、同年十二月二五日、シンポジウム「北海道における高等教育のための大学間連携」が開催され、中村睦男北海道大学総長、村山紀昭北海道教育大学学長、戸田一人北電顧問及び土橋信男元北星学園大学学長の四氏が講師を務めた。

本学会会則第三〇条には「本会には、研究活動の実績に応じて、会員による内部組織として、支部及び分科会をおくことができる」とあるが、当時はどの地区にも支部は存在しなかった。こうした状況の中で、各地域における本学会支部活動の展開は、大学教育改革に関する情報の公開と連携、大学教員の授業改善への意欲向上、また本学会における研究活動の周知と入会者募集などの目的に大きく寄与するものと期待された。

1　支部結成総会と記念シンポジウム

平成一五年三月一七日、北海道大学教育情報館において大学教育学会北海道支部結成総会が開催された。その主なる議題は、北海道支部規約、事業計画の策定、支部役員の選出、平成一六年度本学会大会開催への本支部の関わり等であった。役員については、初代支部長として坂井昭宏を選出し、会計監査として太田一男、平尾三郎の二氏を、事務局担当幹事として小笠原正明がそれぞれ選出された。最後に、翌年六月、北海道大学において開催予定の大学教育学会第二六回大会には、本支部も企画委員会及び実行委員会等に積極的に参加すべきとの意見の一致を見た。

結成総会に先立ち、「北海道における大学教育の現状と将来展望」と題されたシンポジウムが行われた。この企画の趣旨は、北海道支部として今後どのような研究活動を行うべきか、また現在のさまざまな教育改革のなかで本学会会員にはどのような役割が期待されるのか、という点にあった。

報告者平尾三郎氏（札幌大学）は、第一に北海道の高等教育の現状を取り上げ、地方に立脚する視点の欠如を指摘したが、昨今の厳しい教育環境（国立大学の独立法人化、一八歳人口の減少、学力低下等や北海道経済の低迷など）を踏まえ、北海道における高等教育政策設定の必要性を強調した。第二に、平尾氏は北海道の高等教育の役割・課題とその解決のための連携のありかたを取り上げ、「教師教育」「教養教育」「社会教育」という三つの教育が肝要であると指摘した。

これに続いて、宇田川拓雄氏（北海道教育大学函館校）は、「受験側から見た道内国立大学の特徴――郵便局的傾向の存在について」と題して、大学のWebサイト、受験予備校の資料、「大学ランキング」などの資料を基に、国立大学を比較するのは郵便局を比較するようなものであり、大学教育と直接に関係するものではない。個々の大学の、教育に対する努力の度合いとその効果・評価、入学後に学生の人生がどう変わる可能性があるかを示す指標も存在しないと論じた。

さらに、川村武氏（北見工業大学）、は所属大学電気電子工学科における担任制について報告した。北見工業大学では、進級要件を学年ごとに設定し、必要単位未修得者に対して退学勧告や就学指導を強化するなど、教育システムの見直しに着手したが、その成果や実効性などが報告された。また、川村氏は担任制からの発展も踏まえた大学のコンサルティング・システムにおける問題等にも言及した。

最後に、太田一男氏（酪農学園大学）は、社会の構造的変化に伴う大学の社会的役割の変化と実用的教育中心の大学づくりが世界を席巻するなかで、大学はどのような役割を担っていくのか、教養教育は確固たる地歩を占めうるものなのか等の大学全体の今後の課題に言及した。それは、知の再生産にどれだけ大学は関わり得るのか、という大学の人類的課題の指摘でもあり、またそうした視野から大学を捉え直すことの重要性をも示すものであった。

コメンテーターの一人である中村睦男氏（元北海道大学総長）は、大学政策の不在という問題を取り上げ、とくに北海道における高等教育政策策定の重要性と、北海道という地域に根ざした大学づくりという意味での個性化の必要性を指摘した。中村氏のこうした指摘は、北海道における各国公私立大学の相互連携の強化と役割分担に基づく共存的発展を意図したものとして理解される。さらに、中村氏は大学の教育機能を高め、社会的信頼を回復することの重要性を指摘した。研究の評価はあくまで個人的レベルでのことであり、客観的評価も容易であるが、教育はそうした個人的な努力だけでは不可能であり、やはり大学全体の問題として組織的に取り組まなければならない。この意味において、本学会道支部の研究活動に期待するところ大である。これが、中村氏の結論であった。

北海道支部の結成はたんに結成の口火を切ったということではなく、「本会は、わが国の大学教育、特に一般・教養教育に関して、研究活動の情報並びに研究成果の公表、利用、集積及び継承を円滑にし、併せて大学教育の一層の充実発展を図ることを目的にする」という本学会の使命を担いつつ、地方の特殊性に根ざした大学の問題や課題を探るという意味できわめて有意義であったと思われる。

2 第二回支部総会・第一回研究会

同年九月六日、北海道大学教育情報館において第二回総会と研究会が開催された。総会では、第一に、六月六日開催の大学教育学会理事会及び翌七日開催の総会において北海道支部設立が承認されたことが報告された。また、翌一六年度の大会開催校が北海道大学に決定したことも併せて報告された。さらに、協議事項として、⑴会費の納入方法、⑵支部研究会個人発表の資格、⑶支部研究会参加費、⑷支部顧問の委嘱等が検討されている。第一回支部研究会は、北海道大学高等教育機能開発総合センター主催「高等教育フォーラム」を兼ねて開催された。その概要は以下の通りである。

研究発表

(1)競争的環境における大学教育への一考察――社会人受け入れの観点から
上田理子（北医療大学広報・教育事業部、北大大学院教育学研究科博士課程）
(2)初めて物理学を学ぶ学生のための授業の取り組み、四方周輔（北海道東海大学）
(3)普及型ｅ－ラーニング・ソフトの開発、細川敏幸（北大高等教育センター）
(4)自己点検・評価における学生の位置づけ、平尾三郎（札幌大学）
講演「日本における大学改革の系譜と課題」、寺﨑昌男氏（本学会前会長）
シンポジウム「目的・目標に即した授業設計」
(1)学生の自学自習を促す授業設計、安高誠吾（北海道教育大学岩見沢校）
(2)「憲法」授業のひとつのかたち――触媒としての授業、君島東彦（北海学園大学）
(3)酪農英語への取り組み、尾野麻紀子（酪農学園大学）

3　第三回支部総会・研究会

右記から明らかのように、平成一六年六月、本学会第二六回大会が北海道大学において開催された。第二回支部総会の申し合わせの通り、企画委員会委員長坂井昭宏、実行委員会委員長小笠原正明ほか、支部役員の多くが企画委員会及び実行委員会委員として参加した。本大会は天候にも恵まれ、参加登録者数は三三三名に及んだ。そのため、第三回総会・研究会は年末の一二月二五日、北大教育情報館で開催された。

総会では、本支部会員が今回の大会で報告した研究成果を踏まえて、次回大会でラウンドテーブルを企画すること等が検討された。また、小笠原正明氏（事務局長）からは、北海道大学高等教育開発総合センター開設十周年記念行事として翌一七年六月下旬開催予定の「国際研究集会　高等教育におけるカリキュラム改革とマネジメント」の後援をお願いしたいという提案がなされ承認された。第三回支部研究会の概要は以下の通りである。

研究発表

(1)大学教育の組織化はどうすれば可能か、小笠原正明（北海道大学）

(2)インターンシップとしてのＴＡ教育の制度化、宇田川拓雄（北海道教育大学函館校）

講演「全学共同体制による学習支援センターの取り組み」、山谷敬三郎（北海道浅井学園大学（現北翔大学）キャリア支援センター長）

むすび――活動の再開に向けて

まことに遺憾ではあるが、北海道支部はその活動を休止している。その理由の一端は、本学会第二六回大会の開催で燃え尽きたということにあるのかも知れない。また、本学会元理事の平尾三郎、太田一男の両氏が健康上の理由で支部役員を辞職したことも大きな損失であった。しかし、何にもまして、北海道支部を実質的にリードしてきた小笠原正明氏が、平成十八年三月をもって北海道大学高等教育機能開発センター教授を定年により退職し、翌一九年三月には筆者自身も北海道大学を定年退職したことにあるだろう。しかも、二人とも退職後、活動の拠点を北海道から東京都に移すことになった。定年退職を直前にした一年間がどういうものか。まさに慚愧に堪えないというのが実情である。

閑話休題。筆者が支部結成を意図した動機は、本学会活動の新たな局面を拓くということにあった。しかし、北海道地区における大学教育の改善という点だけを取り上げるなら、古くからある東北・北海道地区一般教育研究会が現在も継続的に活動を続けている。北海道支部の活動再開するに当たっては、こうした点を十分に踏まえることが不可欠であろうが、これ以上の考察は別稿に譲ることにする。

【関東地区大学教育研究会（大学教育学会関東支部）】

秀島　武敏（桜美林大学）

1　千葉地区大学教育研究会

関東地区大学教育研究会（大学教育学会関東支部）はまず昭和五九年近藤精造常任理事が千葉県の大学約三〇校に呼びかけ千葉地区大学一般教育研究会として発足したものである。七月に千葉大学にて準備会を行い一六校が参加、一般教育学会など全国的一般教育の動向が紹介された。その中で関東地区だけに一般教育の研究会がもたれていないことが説明され、この機会に先ず県内で、一般教育等の充実発展のための研究会の組織をもつこととの発議があった。出席者全員の賛成があり一一月に設立総会が開かれることになった。

一一月の千葉大における設立総会で、事務局を千葉大におき、委員長は千葉大学教養部長が歴代務めることが恒例となった。その後以下の大学で研究会を行った。平成一一年には名称を千葉地区大学教育研究会と改称した。大学教育学会より先に一般教育の名称をはずしたことになる。関東地区大学教育研究会に名称を変更するまでの開催校を次に示す。

第二回（昭和六〇年度）　東邦大学
第三回（昭和六一年度）　日本大学生産工学部

第四回（昭和六二年度）　千葉工業大学
第五回（昭和六三年度）　敬愛大学
第六回（平成元年度）　麗澤大学
第七回（平成二年度）　千葉商科大学
第八回（平成三年度）　日本大学理工学部
第九回（平成四年度）　千葉大学
第一〇回（平成五年度）　東邦大学
千葉地区大学教育研究会に名称変更
第一一回（平成六年度）　千葉工業大学
第一二回（平成七年度）　千葉大学
第一三回（平成八年度）　日本大学生産工学部
第一四回（平成九年度）　敬愛大学

2　関東地区大学教育研究会の発足

大綱化の波で多くの大学で一般教育の組織がなくなり、退会する大学が増えてきたので大学教育学会の関東地区理事の方々などと相談し平成九年敬愛大学の大会にて名称を関東地区大学教育研究会とし、広く関東地区全般に会員を募ることとした。その際、団体会員から個人会員主体へ会則を変更した。名

称変更後の開催校と研究会のテーマを以下に示す

第一五回（平成一〇年度）千葉商科大学

少子化時代の大学の未来像

第一六回（平成一一年度）　日本大学理工学部

総合科目の変遷と新たなる挑戦

第一七回（平成一二年度）　桜美林大学

大綱化以降の各大学に於ける教養教育への取組みと問題点

高校教育と大学教育の接続連携の試み――その現状と課題――

第一八回（平成一三年度）　防衛大学校

評価にさらされる大学（教養教育と社会的貢献）

第一九回（平成一四年度）　武蔵大学

知識創造と学生参画型教育

第二〇回（平成一五年度）　東海大学

大学評価と教育改革

3　関東支部申請への準備から現在まで

支部会申請をする三年ほど前、当事の大学教育学会会長の絹川正吉先生から関東地区の役員が大学教育学会の理事を兼ねている人が多いので、いっそのこと支部会にしてはどうかという強い勧めがあった。その際は団体会員が多いこと、大学教育学会会員ではない人が多いなどの問題があり、しばらくは従来通りで行くことにした。その後北海道地区で支部会を設立する動きがあり、当研究会でも再検討を行った。平成一四年九月二八日武蔵大学の総会にて、支部会へ移行したい旨提案し、了承された。平成一五年四月一九日東海大学で役員会を行い、会則変更案を検討した。前後して大学教育学会の常任理事会において検討され、名称を大学教育学会関東支部会とせずに関東地区大学教育研究会（大学教育学会関東支部）とすることに異議が出されたが、原案通り認められ、平成一六年度の大学教育学会理事会および総会で正式に決定した。

支部会にする際の会則案の変更点の主なものは以下のとおりである。

㈠会の名称を今まで通り関東地区大学教育研究会とし、関東支部を兼ねるとしたこと。

㈡会員を関東地区在住の大学教育学会会員をA会員、非会員および他の地区でこの会に賛同し参加するものをB会員とした。また千葉地区時代からの伝統である団体会員を残すことにした。関東地区の大学教育学会全会員が支部会会員に自動的になることも検討したが、会費の徴収、郵便費の高騰などの問題があるので、賛同する者のみとした。

㈢支部長及び幹事はA会員に限ることにした。今後B会員でも幹事になる必要性が生じたら、そのとき検討することにした。

㈣会費は団体会員五千円、個人会員千円とした。

平成一五年一〇月二五日東海大学湘南校舎で行われた研究会に先立って行われた総会にて原案の若干の修正がなされ会則案が了承された。新しい会則のもとに新しい幹事八名が選出され、その中で初代支部長として秀島武敏常任理事（千葉大学、現桜美林大学）、代表幹事（事務局担当）として山内正平理事（現常任理事）を選んだ。

関東支部申請後の開催校とシンポジウムのテーマはつぎのとおりである．

第二一回（平成一六年度）　日本大学理工学部
　英語教育のあり方を考える

第二二回（平成一七年度）　立教大学
　GPAとは何か・その導入は何をもたらすか

第二三回（平成一八年度）　目白大学
　初年次・導入教育を見直す——基礎ゼミの経験から——

第二四回（平成一九年度）　千葉工業大学
　教育力開発のための組織的取組——FDとJABEE——

第二五回（平成二〇年度）　桜美林大学
　いまだからこそリベラルアーツ——学士課程教育の構築に向けて——

4　総会・幹事会

現在の幹事は以下の通りである。

秀島武敏（支部長）、佐々木一也（代表幹事、立教大学）、出光直樹（会計担当、横浜市立大学）、山内正平（千葉大学）、近藤弘（元千葉工業大学）、須賀章夫（千葉工業大学）、奈良雅之（目白大学）、菅野憲司（千葉大学）、坂井昭宏（桜美林大学）、鳥井康照（桜美林大学）、頼住憲一（監査、日本大学理工学部）、杉野俊子（監査、防衛大学校）

総会は年一回、研究会の際行っている。幹事会はすくなくとも年二回開催していて、次回開催校、シンポジウムのテーマの決定などを行っている。

シンポジウムのテーマは、大学教育学会では扱われていない、あるいは扱われていても違った観点で選んでいる。また開催校の特徴も取り入れたテーマ設定も試みている。平成二〇年度の桜美林大学のリベラルアーツについてのシンポジウムは、桜美林大がリベラルアーツ学群を開設して二年目ということで取り上げた。その際幹事会の中でタイトルとして「何をいまさらリベラルアーツ」がいいのではないかという発案があったが激しい反論にあい、結局「いまでこそリベラルアーツ」に落ち着いた経緯がある。桜美林大以外からの発題としては、以前からリベラルアーツ教育にとり組んでいる国際基督教大学、新しくリベラルアーツ教育を試みているお茶の水女子大学からの問題提起をいただき活発な議論が行われた。

5　会員

現在団体会員一二校（千葉県九校、その他の県三校）および個人会員五六名で、毎年少しずつの増加がみられる。

6　研究会

研究会は毎年秋に行っており、シンポジウムおよび自由研究発表からなっている。参加者は毎年おおよそ三〇から四〇名程度である。平成二〇年度の桜美林大学の大会では六〇名弱であった。この大会での特徴は例年開催校からの参加が大部分であったのが、桜美林大学以外の参加者が多数を占めていたことである。テーマの立て方によるかもしれないが、今後このようになることを期待している。平成二一年度は千葉大にて千葉大学普遍教育センター戦略連携室との共同開催企画として「大学間連携の『いま』と『これから』」というシンポジウムを行った。

第三部　学会の記録（一九七九年以降の資料編）

Ⅰ．大会・課題研究集会一覧

＊（　）内所属は当時のまま

○**設立総会　一九七九（昭和五四）年一二月八日**　**東京農林年金会館**

講演：「一般教育の将来像――ハーバード計画と対比して――」　清水畏三（桜美林大学）

シンポジウム〈一般教育学会の課題〉

司会　扇谷尚（大阪大学）

1．「学的基礎をもつ一般教育はいかにして確立できるか」　友松芳郎（関西大学）

2．「教養部改革と一般教育」　阿部宏（東北大学）

3．「外国語科目単位の規格化」　高須金作（宮崎大学）

○**第二回大会　一九八〇（昭和五五）年六月一五日**　**大阪大学人間科学部**

自由研究：Ⅰ～Ⅳ

講演：「八〇年代の大学と一般教育」　飯島宗一（名古屋大学医学部長）

シンポジウムⅠ〈〝一般教育〟概念の確立をめざして〉

司会　友松芳郎（関西大学）杉山逸男（日本大学）

1．「〝一般教育〟概念整理のための枠組み」　後藤邦夫（桃山学院大学）

2．「戦後日本における一般教育理解の変遷と問題」　寺﨑昌男（東京大学）

3．「一般教育概念の国際比較」　小林哲也（京都大学）

シンポジウムⅡ〈多様化する学生像と一般教育〉

司会　讃岐和家（国際基督教大学）伊藤恒夫（松山商科大学）
1．「教養課程における化学教育―新しいカリキュラム設定とその成果」　東慎之介（京都大学）
2．「理解についての評価の事例研究」　柿内賢信（国際基督教大学）
3．「千葉大学における一般教育カリキュラムの変遷と学生の意識」　近藤精造（千葉大学）
4．「学生の多様化と大学文化の変容」　麻生誠（大阪大学）

○第三回大会　一九八一（昭和五六）年六月一三日・一四日　日本大学法学部

研究発表及び討議　部会：総論部門、人文部門、社会部門、自然部門、外国語部門、保健体育部門、全体討議
講演：「大学と社会」　永井道雄（国連大学学長特別顧問）
司会　清水正賢（東京農工大学）
シンポジウムⅠ〈総合科目〉
司会　友松芳郎（関西大学）浜野一彦（山梨大学）
1．「一般教育としての総合科目」　遠藤真二（東京女子大学）
2．『総合科目』の推進のために」　山村嘉己（関西大学）
3．「総合科目の二三の事例とそのあり方――信州大学教養部の場合――」　松崎一（信州大学）
4．「総合科目『情報の科学』実施経験報告」　西川喜良（甲南大学）
シンポジウムⅡ〈高等学校と大学教育――改定学習指導要領をめぐる諸問題――〉
司会　関正夫（広島大学）清水畏三（桜美林大学）
1．「高校・大学間の新しい連続的関係樹立を目指して」　扇谷尚（甲南女子大学）
2．「新高等学校学習指導要領と大学入学者選抜における基本問題」　松井榮一（京都教育大学）

3．「改訂学習指導要領と高校――大学の接続関係―大学入試に関連して――」　佐々木享（名古屋大学）

□一九八一年度第一課題研究集会　一九八一（昭和五六）年一一月二一日　甲南女子大学

――第一課題研究「高等学校学習指導要領改訂にかかわる大学教育の問題」――

司会　友松芳郎（関西大学）

1．「高等学校における新学習指導要領への取り組み」　岸田善三郎（大阪府立四条畷高等学校長）

2．「高校・大学入試・大学一般教育――国立大学の入試を中心にして――」　松井栄一（京都教育大学）

3．「高校・大学入試・大学一般教育――私立大学の入試を中心にして――」　後藤邦夫（桃山学院大学）

□一九八一年度第二課題研究集会　一九八一（昭和五六）年一二月五日　香川大学

――第二課題研究「大学教育における論述作文、読書及び対話・討議に関する意味づけと方策」――

第一部　司会　杉山逸男（日本大学）

1．「『大学教育における論述作文、読書および対話・討議に関する意味づけと方策』について」　堀地武（香川大学）

2．「米国の大学における実例――Great Books プログラム、作文教育など――」　清水畏三（桜美林大学）

3．「大学教育における『論述作文』の必要性について――ハーバード大学方式を中心として――」　鈴木堯士（高知大学）

4．「読書と一般教育――アンケート調査の示すもの――」　石躍胤央（徳島大学）

第二部　司会　松崎一（信州大学）

5．「『論文指導』の試みについて」　岩津洋二（桃山学院大学）

6．「大学一般教育における『学問研究』の役割――『研究論文』のすすめ――」　関正夫（広島大学）

7.「一般教育での自主的学習」　橘高知義（岡山大学）
第三部　司会　後藤邦夫（桃山学院大学）
8.「外国語教育におけるカリキュラムはいかにあるべきか」　萩原力（専修大学）
9.「セミナーの実態と方策」　岡崎邦博（千葉大学）
10.「読書力、文章表現力、口頭表現力を高めるための一教育方法——実験及びセミナーを通じて——」　竹村松男（金沢大学）
11.「演習科目・論述作文指導・読書指導等に関する学生のアンケート結果について」　坂口良昭（香川大学）

○第四回大会　一九八二（昭和五七）年六月五日・六日　関西大学社会学部

自由研究：I〜VI
講演：「高等教育における一般教育」　天城勲（民主教育協会会長、文部省顧問、放送教育センター所長）
　司会　清水畏三（桜美林大学）
シンポジウム〈高等教育政策と一般教育〉
　司会　扇谷尚（甲南女子大学）東慎之介（京都大学）
1.「戦後大学政策史の視点から」　寺﨑昌男（東京大学）
2.「一般教育の出発から」　杉山逸男（日本大学）
3.「総合科学部の創設をめぐって」　式部久（広島大学）
第一課題研究部会〈高等学校教育課程とのアーティキュレーションの視点に立つ大学第一学年プログラム〉
第二課題研究部会〈大学教育における論述作文、読者及び対話・討議に関する意味づけと方策——「自主学習」を中心として——〉

□一九八二年度第一課題研究集会　一九八二（昭和五七）年一一月六日　金沢大学

――第一課題研究「高等学校学習指導要領改訂にかかわる大学教育の問題」――

司会　竹村松男（金沢大学）西川喜良（甲南大学）

1．「大学教育の高等教育との連続関係樹立について――物理学実験と教員養成の立場から――」　鶴岡靖彦（東海大学）

2．「金城学院大学における一般教育の改革について――演習科目の新設に至るまで――」　中田平（金城学院大学）

3．「フレッシュマン・プログラム作成にあたって」　西川喜良（甲南大学）

□一九八二年度第二課題研究集会（第二回）　一九八二（昭和五七）年一一月二七日・二八日　信州大学

――第二課題研究「大学教育における論述作文、読書及び対話・討議に関する意味づけと方策」――

研究協議Ⅰ　司会　松崎一（信州大学）

1．「最近のハーバード大学における論述作文のプログラムについて」　扇谷尚（甲南女子大学）

2．「一般教育としてのゼミの試み」　大内力（信州大学）

3．「フレッシュマン・セミナーなど」　清水畏三（桜美林大学）

4．「国際バカロレアと国際学校のカリキュラム――『学び方を学ぶ』・『学習者の多様性への対応』の原理に基づく教育の試み――」　関正夫（広島大学）

5．「文章表現力、読書力、口頭表現力、実験など」　竹村松男（金沢大学）

研究協議Ⅱ　司会　浜野一彦（山梨学院大学）
1.「一般教育における共通科目としての『表現技法』の試みについて」漢那憲治（沖縄キリスト教短期大学）
2.「プロゼミにおける表現と討議」村瀬裕也（香川大学）
3.「実験教育における論述作文の作成の効果」宮脇澤美ほか（中部工業大学）
4.「価値観の確立と表現力の養成」高崎馨（東邦大学）
5.「予備的試行としての学生の個人指導について」竹内新（大阪歯科大学）
研究協議Ⅲ　司会　関正夫（広島大学）　全参加者の発言のあと扇谷教授が総括
研究協議Ⅳ　司会　関正夫（広島大学）　今後の研究活動の進め方についての協議

○第五回大会　一九八三（昭和五八）年六月一一日・一二日　千葉大学教養部

自由研究：Ⅰ〜Ⅲ
講演：「青年の人生選択と一般教育」大田堯（都留文科大学学長）
司会　讃岐和家（国際基督教大学）
シンポジウムⅠ〈教養セミナー〉
司会　竹村松男（金沢大学）阿部玄治（千葉大学）
1.「九州地区国立大学合宿授業について」安東毅（九州大学）
2.「和光大学プロ・ゼミの考え方とその実践例」岩城正夫（和光大学）
3.「千葉大学におけるセミナーの開講状況と問題点」野口薫ほか（千葉大学）
4.「国立大学一般教育課程における教養ゼミナール実施状況と教官・学生双方による授業評価」高橋秀行（大分大学）

5．「筑波大学におけるフレッシュマンセミナー」　浅野博（筑波大学）
6．「教養演習『現代と学問』の経験から」　宮田和明（日本福祉大学）
シンポジウムⅡ〈一般教育の責任体制と今後の展望〉
司会　志水正賢、浜野一彦（山梨学院大学）
1．「国立大学教養部における一般教育」　近藤精造（千葉大学）
2．「学部担当による一般教育――国立大学の例」　丹生久吉（三重大学）
3．「一般教育における責任体制と今後の展望」　杉山逸男（日本大学）
第一・第二課題研究部会

□一九八三年度一般教育学会第一・第二課題研究合同研究集会　一九八三（昭和五八）年一一月二六日・二七日　金沢大学

・第一学年プログラムの目的と性格
第一課題研究委員長　扇谷尚（甲南女子大学）
・本課題研究の調査研究計画について
第二課題研究委員長　堀地武（香川大学）
第一部会・論述作文　司会　堀地武（香川大学）
1．「受講感想文による『表現技法』（論述・作文コース）の評価」　大城宜武（沖縄キリスト教短期大学）
2．「札幌農学校の一般教育的特質――言語教育および実習教育を中心に」　関正夫（広島大学）
3．「現代学生の意識構造――哲学のレポートより」　森忠重（明治薬科大学）
第二部会・総合コース　司会　扇谷尚（甲南女子大学）

1.「総合科目の展開のひとつの試案」　吉田治（千葉大学）
2.「総合コースに関する1コメント」　西川喜良（甲南大学）
3.「人間形成教育のための総合コース——麗沢大学における一つの試み」　水野治太郎、長谷川教佐（麗沢大学）
第三部会・教養課程の「実験」指導　司会　竹村松男（金沢大学）
1.「物理学実験指導について」　板屋源清（金沢大学医療技術短期大学部）
2.「教養課程における化学実験」　高野二郎ほか（東海大学）
3.「物理学実験教育の改善とその効果——高校教育との連続関係樹立の視点に立って——」　鶴岡靖彦（東海大学）
4.「教養課程の『実験』指導についてのコメント」　西川喜良（甲南大学）
5.「工学基礎実験教育における単位・記号および用語の問題点」　宮脇澤美ほか（中部工業大学）
第四部会・外国語教育　司会　清原岑夫（金沢大学）
1.「ドイツ語教育における目標の模索」　岡崎邦博（千葉大学）

○第六回大会　一九八四（昭和五九）年六月九日・一〇日　岩手大学人文社会学部

自由研究：Ⅰ〜Ⅲ
講演：「放送大学と教養部のかかわりあい」　香月秀雄（放送大学学長）
司会　吉田治（千葉大学）
シンポジウムⅠ〈今後の一般教育のあり方〉
司会　片野健吉（秋田大学）佐々木達夫（岩手大学）

1．「大学の現代的機能としての一般教育」　扇谷尚（甲南女子大学）
2．「自然系列一般教育のあり方について」　遠藤眞二（東京女子大学）
3．「語学系一般教育のあり方について」　清水畏三（桜美林大学）

シンポジウムII〈大学の開放と一般教育〉

司会　一戸孝七（岩手医科大学）岡野磨瑳郎（岩手大学）
1．「一般教育の改善と放送大学」阿部玄治（千葉大学）
2．「放送利用による公開講座と一般教育――広島大学の場合――」　式部久（広島大学）
3．「大学開放と一般教育――公立医科大学の事例――」　杉山善朗（札幌医科大学）

第一課題研究・第二課題研究（パネル討議）

□一九八四年度第一・第二課題研究合同研究集会　一九八四（昭和五九）年一一月二四日・二五日　甲南大学

研究討議I「一般教育をめぐる現代の状況と基本的問題」

司会　関正夫（広島大学）布目潮渢（摂南大学）
1．「第一学年プログラムの構想を中心として」　扇谷尚（甲南女子大学）

研究討議II「フレッシュマン・プログラムの展開」

司会　西川喜良（甲南大学）堀地武（香川大学）
1．「麗沢大学における一般教育の改革」　長谷川教佐（麗沢大学）
2．「Undergraduate 教育の本質・使命を求めて」　清水畏三（桜美林大学）
3．「フレッシュマン・プログラムとしての桃山学院大学のカリキュラムについて」　後藤邦夫（桃山学院大学）
4．大下由宮子（八戸工業大学）

5．近藤硯二（四国女子大学）
6．友松芳郎（関西大学）
7．竹村松男（金沢大学）

○第七回大会　一九八五（昭和六〇）年六月一日・二日　神戸大学教養部

自由研究：Ⅰ～Ⅲ
特別講演：「今日の大学教育」　飯島宗一（名古屋大学学長）
司会　長谷川正知（神戸大学）
シンポジウム〈世界の大学教育、特にアメリカとヨーロッパにおける一般教育の最近の動向〉
司会　讃岐和家（国際基督教大学）
1．アメリカ「米国の最新動向3報告がUndergraduate教育の改革を提唱」　清水畏三（桜美林大学）
2．フランス　高木進（学習院大学）
3．ドイツ　椎名萬吉（千葉大学）
4．イギリス
パネル討議〈日本の大学における教育・研究と一般教育のあり方〉　阿部美哉（放送教育開発センター）
課題研究部会

□一九八五年度第二・第三・第四課題研究合同研究集会　一九八五（昭和六〇）年一一月三〇日・一二月一日　山梨学院大学

第二課題研究「大学教育における論述作文、読書及び対話・討議に関する意味づけと方策」

司会　堀地武（香川大学）守屋千尋（山梨学院大学）
1．「学生の文章を読む――教師と学生の狭間――」　松尾欣治（翻訳・著述業）
2．「徳島大学教養部における名著講読について」　石躍胤央（徳島大学）
3．「アメリカの大学における文章表現の授業――日本の大学への適用をめぐって」　森晴秀（神戸大学）
第三課題研究「総合科目・総合コースの検討」
司会　吉田治（千葉大学）北山昌（山梨学院大学）
1．「専門教育と一般教育の総合――桃山学院大学のケース」　山川偉也（桃山学院大学）
2．「千葉大学における総合科目の現状と問題点」　山口晃（千葉大学）
3．「短大の専門科目としての総合科目」　木内信敬（東洋女子短期大学）
4．「総合科目開設のねらいと実施経過――東京家政大学の場合」　平澤尚孝（東京家政大学）
第四課題研究「Faculty Development の研究」
司会　清水畏三（桜美林大学）香西敏器（山梨学院大学）
1．「学生による講義評価」　安岡高志ほか（東海大学）
2．「Faculty Development に関する一考察――英・米の場合」　関正夫（広島大学）
「一般教育の状況についてのフリートーキング」

○第八回大会　一九八六（昭和六一）年六月七日・八日　国際基督教大学

自由研究：Ⅰ～Ⅳ
特別公演：「リベラル・アーツ・エデュケーションとゼネラル・エデュケーション」
中川秀恭（国際基督教大学学長、日本学術会議副会長）

司会　讃岐和家（国際基督教大学）

シンポジウム〈国際化時代における一般教育〉

司会　遠藤眞二（東京女子大学）阪上信次（東京農工大学）

1.「国際化と大学」　アンセルモ・マタイス（上智大学）

2.「国際化時代に於ける大学一般教育——特に外国語、及び制度上の問題点について——」　鵜木奎治郎（千葉大学）

3.「一般教育の反省」　小林善彦（東京大学）

4.「国際化時代に於ける大学の一般教育——科学技術教育論の立場から——」　関正夫（広島大学）

パネル討議〈高等教育における一般教育の位置づけ〉

課題研究部会

□一九八六年度課題研究集会　一九八六（昭和六一）年一一月二九日・三〇日　桜美林大学

——第四課題研究「Faculty Development の研究」を中心として——

シンポジウムⅠ〈「Faculty Development の研究」——主として資料提供・問題提起——〉

司会　後藤邦夫（桃山学院大学）阪上信次（東京農工大学）

1.「大学基準協会における大学の自己評価」　藤田幸男（早稲田大学）

2.「教員研修計画」　日下晃（武庫川女子大学）

3.「学生による一般教育評価—— Faculty Development との関係で——」　田坂興亜（国際基督教大学）

4.「FDアンケート調査に関する組織的検討」　堀地武（香川大学）

5.「香川大学における Faculty Development に関するアンケート調査について」　林俊夫（香川大学）

6．「一般教育に対する卒業生の評価とＡＥ・ＦＤ活動」　坂井昭宏（千葉大学）
7．「一般教育学会としてのＦＤ活動の課題」　関正夫（広島大学）
シンポジウムⅡ〈「Faculty Development の研究」――主として今後の研究活動の進め方――〉
司会　遠藤眞二（東京女子大学）近藤精造（千葉大学）
1．「大学の活力と教授団の能力開発――一般教育の改善を目指して――」　扇谷尚（甲南女子大学）
2．「ＦＤプログラムの策定と実践的試行」　原一雄（国際基督教大学）
3．「第三課題研究（総合コース・総合科目の研究）から大学に於ける一般教育を考える』　吉田治（千葉大学）
4．「学生による講義評価　Ⅲ教員の意識調査」　安岡高志ほか（東海大学）
5．「ＦＤ活動展開の方途――香川大学一般教育部の実績として――」　須永哲雄（香川大学）

○第九回大会　一九八七（昭和六二）年六月六日・七日　広島大学総合科学部

自由研究：Ⅰ～Ⅴ
特別講演：「現代社会における大学の使命と一般教育」
福田歓一（明治学院大学国際学部教授、大学基準協会一般教育研究委員会前委員長）
司会　岡本哲彦（広島大学）
シンポジウムⅠ〈現代社会における一般教育はいかにあるべきか――理念と方法の再検討――〉
司会　讃岐和家（国際基督教大学）式部久（岡山理科大学）
1．「成熟社会と大学一般教育」　坂井昭宏（千葉大学）
2．「一般教育に新しい理念と方法を」　越前喜六（上智大学）
3．「現代大学における一般教育はいかにあるべきか――産業医人における医学概論と哲学の試み――」

4.「現大学生論の視点から」　本多正昭（産業医科大学）

指定討論者　上里一郎（広島大学）

1.「社会の流動性と教育の固定性の間で」　森毅（京都大学）

2.「現代社会における一般教育はいかにあるべきか――アメリカ研究からのコメント――」　舘昭（放送教育開発センター）

シンポジウムⅡ〈一般教育の自己評価〉

司会　清水畏三（桜美林大学）堀地武（香川大学）

1.「大学連合体としての評価」　喜多村和之（広島大学）

2.「一般教育の自己評価――国立大学の場合――」　須永哲雄（香川大学）

3.「一般教育の自己評価――私立大学の場合――」　原一雄（国際基督教大学）

4.「高等教育における教授学習過程の研究――学生評価を中心に――」　片岡徳雄（広島大学）、八並光俊（広島大学大学院）

指定討論者

1.関根秀和（大阪女学院短期大学）

2.田中義郎（リクルートリサーチ調査部）

課題研究関連部会報告

□一九八七年度課題研究集会　一九八七（昭和六二）年一二月五日・六日　三重大学

――総合科目・総合コースの研究――

セッションⅠ〈総合科目の位置づけ〉
司会　関正夫（広島大学）高山進（三重大学）
1．「総合科目〈二一世紀フォーラム〉の試案」　織田守矢（中部大学）
2．「名古屋大学における総合科目の現状と今後の方向」　長田雅喜、中田実（名古屋大学）
3．「総合科目の視点に立った実験教育」　宮脇澤美（中部大学）
セッションⅡ〈総合科目と研究プロジェクト〉
司会　丹生久吉（三重大学）近藤精造（千葉大学）
1．「千葉大学教養部における総合科目『バイオエシックスの展望』」　飯田亘之（千葉大学）
2．「名古屋大学における特定研究『東海研究』と『総合科目』」　鈴木正彌（名古屋大学）
セッションⅢ〈総合科目の企画と運営〉
司会　讃岐和家（国際基督教大学）平野喜一郎（三重大学）
1．「千葉大学教養部における総合科目設置の経緯とその問題点」　吉田治（千葉大学）
2．「愛知大学における一般教育改善の試み」　市野和夫（愛知大学）
3．「科学入門（総合科目）の経験から」　永平幸雄（大阪経済法科大学）

○第一〇回大会　一九八八（昭和六三）年六月一一日・一二日　上智大学

自由研究：Ⅰ～Ⅶ
特別講演：「地球化社会における人間の共有」　鶴見和子（上智大学外国語学部国際関係副専攻教授）
司会　越前喜六（上智大学）
シンポジウムⅠ〈大学の個性化と一般教育〉

司会　井上英治（上智大学）
1．「上智大学における人間学の特色から」　アルフォンス・デーケン（上智大学）
2．『教養』の立場から」　芳賀徹（東京大学）
3．「個性化の逆説――文化のダイナミズムとして――」　森毅（京都大学）
4．「大学の個性化と一般教育」　関正夫（広島大学）

シンポジウムⅡ〈一般教育のアイデンティティー――専門教育との関連において――〉
司会　吉田治（千葉大学）
1．「再拡大した工学系を抱える大学教育」　慶伊富長（沼津工業高専）
2．「実践的な面からのアプローチ」　木内信敬（東洋女子短期大学）
3．「専門教育との関連において」　式部久（広島経済大学）
コメンテーター　「一般教育のアイデンティティーの確立を目指して」　扇谷尚（甲南女子大学）

□一九八八年度課題研究集会　一九八八（昭和六三）年一一月二六日・二七日　東海大学

――第五課題研究「Undergraduate 教育」・第六課題研究「大学の自己評価の方法」――

セッションⅠ〈第五課題研究「Undergraduate 教育」〉
司会　讃岐和家（国際基督教大学）高野義郎（横浜国立大学）
1．「一般教育論から undergraduate 教育へ」　清水畏三（桜美林大学）
2．「一九八八年課題研究集会セッションⅠ第五課題研究から」　吉田治（千葉大学）
3．「関西学院大学における大学一般教育の再検討」　鈴木啓介（関西学院大学）
4．「各大学における一年ごとの最低履修単位数の規定」　讃岐和家（国際基督教大学）

セッションⅡ〈第六課題研究「大学の自己評価の方法」〉
司会　堀地武（香川大学）馬場慎（日本大学）
1．「大学の自己評価の方法を考える」　関正夫（広島大学）
2．「私立大学の自己評価」　香取草之助（東海大学）
3．「大学情報の公開と自己評価」　坂井昭宏（千葉大学）
4．「大学構成員による教育プログラムの評価」　原一雄（国際基督教大学）
5．「大学の自己評価をめぐる基本問題」　堀地武（香川大学）
セッションⅢ〈――総括的な視点から――〉
司会　長谷川正知（神戸大学）丹生久吉（三重大学）
1．「大学教育の質的改善と評価」　扇谷尚（甲南女子大学）
FDに関する講演会：「高等教育における教授と学習の改善」　L.Elton（英サリー大学高等教育促進センター長）

○第一一回大会　一九八九（平成一）年六月三日・四日　香川大学

――「一般教育概念」の自律への過程――
自由研究：Ⅰ～Ⅴ
特別講演：「大学改革と大学基準協会の役割」　寺﨑昌男（東京大学教育学部）
司会　秦隆昌（香川大学）
シンポジウムⅠ〈各大学「大学教育等研究機関の在り方」〉
司会　清原岑夫（金沢大学）後藤邦夫（桃山学院大学）
1．「各大学『大学教育等研究機関』のあり方――広島大学・大学教育研究センターの経験をふまえて――」

2.「関西大学一般教育等研究センターの発展」　関正夫（広島大学）
3.「国際基督教大学における大学教育研究体制の構想」　木田和雄（関西大学）
4.「香川大学一般教育部の研究活動とその改革」　原一雄（国際基督教大学）
5.「『大学教育等研究機関』の実現に向けて」　林俊夫（香川大学）
6.「大学教育等研究機関の現状と将来――大学評価との関連において――」　示村悦二郎（早稲田大学）
7.「東海大学教育研究所の活動例を通してみた教育を研究対象とする機関の在り方」　井門富二夫（桜美林大学）
8.「日本大学教育制度研究所について」　安岡高志（東海大学）
9.「新しい科学としての『大学教育等研究』」　馬場慎（日本大学）
　堀地武（香川大学）

シンポジウムII〈大学における一般教育・専門教育の総合化〉

司会　稲田朝次（九州国際大学）　馬場浩太（広島修道大学）

1.「大学教育（学士課程）の総合的な再検討」　扇谷尚（甲南女子大学）
2.「一般教育の核としての人権教育――桃山学院大学カリキュラムの視点から――」　山川偉也（桃山学院大学）
3.「筑波大学の教育体制とその自己評価」　湊吉正（筑波大学）
4.「『教養課程の改革』の課題」　坂井昭宏（千葉大学）
5.「教養部改革の視点から」　石躍胤央（徳島大学）
6.「大学における一般教育と専門教育の総合化――専門学部（法学部）の視点から――」　高野真澄（香川大学）
7.「大学設置基準と一般教育」　式部久（広島経済大学）

8．「一般教育と流動化」　森毅（京都大学）
9．「一般教育を主とする副専攻コースの検討――授業科目区分の弾力化の措置を活用して――」　須永哲雄（香川大学）
課題研究〈第一部　第二・第三課題研究の総括〉
〈第二部　「大学の自己評価の方法」の一般教育に関する具体化〉
短期大学分科会〈短期大学一般教育の問題〉

□一九八九年度課題研究集会　一九八九（平成一）一一月一七日・一八日　東京女子大学

――大学審議会の動向をめぐって――
第一セッション〈大学審議会の動向をめぐって――現状の課題と今後の展開――〉
司会　浜野一彦（山梨学院大学）絹川正吉（国際基督教大学）
1．「大学設置基準の大綱化と一般教育責任主体」　堀地武（香川大学）
2．「大学教育改革の方向――カリキュラム構造の問題」　扇谷尚（甲南女子大学）
3．「大学審議会が目指す改革方向――〝大学評価〟の観点から見て――」　清水畏三（桜美林大学）
4．「新しい大学教員の養成機能の整備――大学教育改革と大学院改革を結ぶ一つの視点――」　関正夫（広島大学）
第二セッション〈大学審議会の動向をめぐって――主題をめぐるいくつかの視点――〉
司会　近藤精造（敬愛大学）後藤邦夫（桃山学院大学）
1．「一般教育のアイデンティティーの確立とその実質化のために」　戸田修三（中央大学）
2．「一般教育と私」　久佐守（山形大学）

3．「大学審議会の動向と一般教育――一私学人の意見――」　松本三郎（慶応義塾大学）

○第一二回大会　一九九〇（平成二）年六月二日・三日　桃山学院大学

――いま、一般教育と専門教育を問う――

自由研究：Ⅰ～Ⅴ

特別講演：「学問の方向性――『一般』と『専門』の区別をめぐって――」　藤澤令夫（甲南女子大学）

司会　山川偉也（桃山学院大学）

シンポジウムⅠ〈Undergraduate 教育（学部教育）の再検討〉

司会　清水畏三（桜美林大学）坂井昭宏（北海道大学）

1．「自然科学系学部の教育」　勝木渥（信州大学）

2．「学士課程教育――経済学の場合――」　塩沢由典（大阪市立大学）

3．「『学際分野』と学部教育」　大久保昌一（大阪大学）

シンポジウムⅡ〈一般教育の将来像〉

司会　絹川正吉（国際基督教大学）清原岑夫（金沢大学）

1．「一般教育固有の課題としての人権教育」　沖浦和光（桃山学院大学）

2．「新しい一般教育のあり方，一般教育と専門教育の融合」　倉石晉（広島大学）

3．「一般教育の課題――マクロ・アプローチとミクロ・アプローチの接点に立って――」　小林哲也（英国暁星国際大学）

課題研究

□一九九〇年度課題研究集会　一九九〇（平成二）年一一月一〇日・一一日　上智大学

――大学審議会の審議の概要（その二）をめぐって――

基調講演：「わが国の大学教育改革に思うこと」　田中健蔵（前九州大学学長、大学審議会大学教育部会会長）

シンポジウムⅠ〈大学教育のアイデンティティ・クライシス〉

司会　清水畏三（桜美林大学）越前喜六（上智大学）

1．「大学教育のアイデンティティー――『審議の概要（その二）』に関連して――」　坂井昭宏（北海道大学）

2．「大学カリキュラムの多様化と個性化――大学設置基準の大綱化との関連において――」　田中義郎（玉川大学）

3．「一般教育の未来像――大学審議会大学教育部会報告『審議の概要（その二）』に関連して――」　式部久（広島経済大学）

シンポジウムⅡ〈大学の自己評価〉

司会　関正夫（広島大学）安岡高志（東海大学）

1．「大学の自己点検・評価――その主体と対象――」　原一雄（国際基督教大学）

2．「アメリカ大学における自己評価」　舘昭（放送教育開発センター）

3．「システム論の視点からの考察」　示村悦二郎（早稲田大学）

4．「『大学の自己評価』のアセスメント」　堀地武（香川大学）

○第一三回大会　一九九一（平成三）年六月八日・九日　東京農工大学

――一般教育改革の具体化と実践――

自由研究：Ⅰ〜Ⅴ

特別講演：「大学審議会答申と一般教育」　新野幸次郎（神戸大学前学長、大学審議会大学教育部会長代理）

司会　柳下登（東京農工大学）

シンポジウムⅠ〈一般教育改革の具体化と実践――カリキュラム改革を中心に――〉

司会　後藤邦夫（桃山学院大学）須永哲雄（香川大学）

1．「一般教育と専門教育との有機的融合への一つの試み」　遠藤眞二（東京女子大学）

2．「札幌大学における一般教育カリキュラム改革」　平尾三郎（札幌大学）

3．「一般教育改善の実践――広島大学総合科学部における実践例の評価・反省及び今後の展望――」　小林惇（広島大学）

4．「関西学院大学における一般教育改革案」　三浦澄雄（関西学院大学）

シンポジウムⅡ〈一般教育改革の具体化と実践――制度・組織改革を中心に――〉

司会　香西敏器（山梨学院大学）坂井昭宏（北海道大学）

1．「福島大学における一般教育の現状と課題――全学協力による教育体制と一般教育演習を中心に――」　安藤勝夫（福島大学）

2．「京都大学における教養教育の改革」　青木伸好（京都大学）

3．「国際学部増設と一般教育改革への試みと展望」　佐藤東洋士（桜美林大学）

4．「人間自然科学部構想と一般教育改革」　尾関周二（東京農工大学）

短期大学部会シンポジウム

司会　扇谷尚（大阪大学）

1．「短期大学教育の目標と展開」　高鳥正夫（東横学園女子短期大学）

2．「短期大学における専門職業教育と一般教育」　坂田正二（広島文化女子短期大学）
3．「短期大学の identity をめぐって」　関根秀和（大阪女学院短期大学）

体育部会シンポジウム

司会　松島宏（武蔵野女子大学）松岡信之（国際基督教大学）
1．「大学教育における保健体育の意義」　遠藤卓郎（図書館情報教育）
2．「種目選択制による体育実技の検討」　奈良雅之（目白学園女子短期大学）
3．師岡文男（上智大学）
4．百鬼史訓（東京農工大学）
5．「東京大学における保健体育科目の存続」　小林寛道（東京大学）

□一九九一年度課題研究集会　一九九一（平成三）年一一月一六日・一七日　和光大学

――各大学の真に自由で多様な発展を期し、本学会意見書を題材にして――

基調講演：「本学会意見書へのコメント」　堀地武（本学会会長、香川大学名誉教授）

司会　石原静子（和光大学）

シンポジウムⅠ〈大学教育カリキュラム改革の方向〉

司会　柳卜登（東京農工大学）安岡高志（東海大学）
1．「和光大学における一般教育改革の推進と現状」　原田勝正（和光大学）
2．「慶應義塾大学湘南藤沢キャンパスにおける教育改革」　関口一郎（慶應義塾大学）
3．「一般教育と専門教育との有機的関連づけ――附・短期大学の場合――」　扇谷尚（大阪薫英女子短期大学）

シンポジウムⅡ〈一般教育の実施組織・制度の在り方〉

司会　越前喜六（上智大学）
1．「北大全学支援方式の現状と問題点」　八木橋貢（北海道大学）
2．「四国学院大学教養部の新設――異文化交流プログラムの開発――」　杉本孝作（四国学院大学）
3．「一般教育体制の改革構想」　鈴木正男（立教大学）
4．「神戸大学の改革構想」　小野厚夫（神戸大学）
シンポジウムⅢ〈大学の自己評価の課題〉
司会　讃岐和家（国際基督教大学）西川喜良（甲南大学）
1．『大学の自己評価』等に関する各大学の取り組み状況――一九九一年一〇月・一般教育学会会員アンケート調査――」　安岡高志（東海大学）、堀地武（香川大学）
2．「大学の自己評価に関する今後の課題―総合評価システムの理論的枠組みの検討―」関正夫（広島大学）

○第一四回大会　一九九二（平成四）年六月六日・七日　九州国際大学

自由研究：Ⅰ～Ⅲ
基調講演：「教育の生産性について――教育資材活用の観点から――」　唐津一（東海大学福岡短期大学学長）
司会　倉崎繁（九州国際大学）
シンポジウムⅠ〈非専門教育（一般教育）の使命、カリキュラム改革の方向と教育組織・体制のあり方〉
司会　仲澤浩祐（山梨学院大学）梶間博（北九州大学）
1．「北九州大学の学科再編――新カリキュラムの作成と一般・専門教員の再配置――」　木下善貞（北九州大学）
2．「外から見ての大学を考える――高校生・受験生に指導・情報提供していく中で見えてきた大学――」

シンポジウムⅡ〈四年制大学の中途編入制度と短大・専門学校の単位の認定について〉
山本真司（河合塾）
司会　稲田朝次（九州国際大学）高橋剛（精華女子短期大学）
1．「編入制度の基本原理と運用上の障壁」　原一雄（国際基督教大学）
2．金城一雄（沖縄大学）
3．「四年制大学の途中編入制度と短大・専修学校（専門課程）との単位認定に関する実態調査と展望――大学設置基準の大綱化をめぐって――」　早田武四郎（東海大学福岡短期大学）、中谷彰（九州共立大学）
研究交流部会：
Ⅰ「シラバス」
Ⅱ「教師による授業評価」
Ⅲ「学生による授業評価」
Ⅳ「自己評価とFD――大学教育の自己改革を進める観点から――」

□一九九二年度課題研究集会　一九九二（平成四）年一一月二一日・二二日　中部大学

――「大学教育改革に関する各大学の取り組み状況」を中心にして――
第一セッション〈大学教育・一般教育カリキュラムの改革〉
司会　清水畏三（桜美林大学）宮脇澤美（中部大学）
1．「一般教育はどこへ行く――全国『調査集録』の要点――」　清水畏三（桜美林大学）
第二セッション〈大学の自己評価・一般教育の自己評価の実施〉
司会　関正夫（広島大学）田浦武雄（愛知学院大学）

1.「大学の自己評価――大阪女学院短期大学の試み――」　関根秀和（大阪女学院大学）
2.「大学教育の自己評価の現状――和光大学の場合：私見による『自己評価』点検――」
　　石原静子（和光大学）
3. 平尾三郎（札幌大学）
4. 中野偉夫（静岡大学）
5. 林俊夫（香川大学）
6.「大学の自己評価の現状と今後の課題――東京農工大学の場合――」　阪上信次（東京農工大学）
7.「大学の自己評価の現状と今後の課題――新潟大学の場合――」　矢野教（新潟大学）
8.「大学の自己評価・一般教育の自己評価――国際基督教大学の場合：自己評価の原点は何か――」
　　絹川正吉（国際基督教大学）

第三セッション〈一般教育実施組織のあり方〉
司会　清原岑夫（金沢大学）香西敏器（山梨学院大学）

第四セッション〈短期大学の当面する問題〉
司会　関根秀和（大阪女学院短期大学）宮城悦郎（神戸山手女子短期大学）

第五セッション〈今後の課題と展望〉
司会　讃岐和家（金城学院大学）中田実（名古屋大学）
1.「大学教育改革に関する各大学の取り組み状況――一九九二年一〇月・一般教育学会アンケート調査――」
　　宮脇澤美（中部大学）、堀地武（香川大学）

○第一五回大会　一九九三（平成五）年六月一二日・一三日　明治学院大学

——これからの大学教育を問う——

自由研究：Ⅰ～Ⅵ

特別講演：「大学教育の問題と課題」　福田歓一（明治学院大学学長）

司会　小泉智義（明治学院大学）

シンポジウムⅠ〈あらためて一般教育の位置づけを問う〉

司会　絹川正吉（国際基督教大学）越前喜六（上智大学）

1．「高等普通教育としての『一般教育』」　舘昭（学位授与機構）

2．「専門教育の自由化としての一般教育」　扇谷尚（大阪薫英女子短期大学）

3．「大学教育の原範型としての一般教育」　山川偉也（桃山学院大学）

シンポジウムⅡ〈大学教育をどうおこなうか〉

第一部（全体会）

司会　吉田治（敬愛大学）後藤邦夫（桃山学院大学）

1．「シラバス・授業評価――日米比較の観点から――」　苅谷剛彦（東京大学）

2．「教育の現場から」　示村悦二郎（早稲田大学）

3．「新しい大学教育を求めて――慶応義塾大学湘南藤沢キャンパスの経験から――」　井関利明（慶應義塾大学）

4．「日本で大学教育はどのようなものと考えられてきたか」　寺﨑昌男（立教大学）

第二部（分科会）

第一分科会　苅谷剛彦（東京大学）　司会　原一雄（国際基督教大学）

第二分科会　示村悦二郎（早稲田大学）　司会　近藤精造（千葉大学）

第三分科会　　井関利明（慶應義塾大学）　司会　坂井昭宏（北海道大学）
第四分科会　　寺﨑昌男（立教大学）　司会　竹村松男（金沢大学）
第三部（全体会）
司会　吉田治（敬愛大学）後藤邦夫（桃山学院大学）
研究交流部会：
Ⅰ「学生による授業評価」
Ⅱ「自己評価とＦＤ――〈大学白書〉の観点から」
Ⅲ「一般教育実施組織の問題」
Ⅳ「短期大学の将来像」

□一九九三年度課題研究集会　一九九三（平成五）年一一月二七日・二八日　日本大学

――現代思想と大学教育改革――
シンポジウムⅠ〈カリキュラム改革とパラダイム転換〉
司会　坂井昭宏（北海道大学）吉田治（敬愛大学）
1.「東京大学の前期課程英語教育の改革」　成田篤彦（東京大学）
2.「基礎科目・総合科目・主題科目について」　岡本和夫（東京大学）
3.「千葉大学における一般教育の改革――『普遍教育』の課題――」　山内正平（千葉大学）
4.「米国流大学改革の動向：カリキュラムなど」　清水畏三（桜美林大学）
シンポジウムⅡ〈改めて大学評価の思想性を問う〉
司会　石原静子（和光大学）香西敏器（山梨学院大学）

1．「大学の自己点検・評価――状況・問題点・今後――」　寺﨑昌男（立教大学）
2．「大学基準協会の『加盟判定審査』と『相互評価』のあり方をめぐる今後の課題」　示村悦二郎（早稲田大学）
3．「大学自己評価の現状と課題」　関正夫（広島大学）
シンポジウムⅢ〈現代思想における一般教育の理念と大学教育〉
司会　高橋邦彦（日本大学）千葉茂美（明治学院大学）
1．「近代的世界像の転換」　竹田青嗣（明治学院大学）
2．「現代思想と教育」　森山茂（日本大学）
3．「現代社会の方向と大学教育の課題」　見田宗介（東京大学）

○第一六回大会　一九九四（平成六）年六月四日・五日　名古屋大学情報文化学部

――大学教育の現実と改革課題――一般教育の未来像をもとめて――
自由研究：Ⅰ～Ⅵ
特別講演：「大学教育の現実と改革課題」
潮木守一（名古屋大学大学院国際開発研究科教授、名古屋大学附属図書館長、大学基準協会委員）
司会　近藤哲生（名古屋大学）
シンポジウムⅠ〈授業・カリキュラムの改善はいかにあるべきか〉
司会　石原静子（和光大学）讃岐和家（金城学院大学）
1．「現代の学生と大学教育の課題」　平尾三郎（札幌大学）
2．「カリキュラム改革の視点と展開」　中田實（名古屋大学）
3．「学生の授業評価とシラバス」　絹川正吉（国際基督教大学）

シンポジウムⅡ〈大学組織改革に伴い一般教育実施組織はどうあるべきか〉

司会　清原岑夫（金沢大学）香西敏器（山梨学院大学）

1.「国立大学における組織改革と一般教育の実施組織」　近藤哲生（名古屋大学）

2.「大阪大学全学共通教育機構」　森田敏照（大阪大学）

3.「一般教育実施組織――教養部方式の場合――」　田浦武雄（愛知学院大学）

4.「立命館大学における一般教育改革について――一九九三年度の取り組みを中心に――」　飯田哲也（立命館大学）

研究交流部会：

Ⅰ「教育目標と授業内容・シラバス」

Ⅱ「学生による授業評価とFD」

Ⅲ「一般（共通）教育の科目区分」

Ⅳ「外国語教育改革の動向」

Ⅴ「保健体育教育の改革をめぐって」

Ⅵ「短期大学の問題」

□一九九四年度課題研究集会　一九九四（平成六）年一一月二六日・二七日　大妻女子大学

――「大学教育研究」の変容と発展に着目して――

特別講演：「今日の大学に対するリベラルアーツの問いかけ」　中川秀恭（大妻女子大学学長）

セッションⅠ〈「Undergraduate 教育」（第五課題研究）の課題〉

司会　吉田治（敬愛大学）寺﨑昌男（立教大学）

1．「アンダーグラデュエート教育は『学部教育』か『学士教育』か」　舘昭（学位授与機構）
2．「カリキュラム改革と大学の自然科学教育」　桑原雅子（桃山学院大学）
3．「カリキュラム改正と問題点」　野口薫（千葉大学）
4．「大学入試と大学教育――平成六年から実施された高等学校学習指導要領の改定に関連して――」　越田豊（大学入試センター）

セッションⅡ（「Faculty Development の研究」（第四課題研究）の課題）
司会　絹川正吉（国際基督教大学）
1．「FD活動の阻害要因とその克服策」　原一雄（亜細亜大学）
2．「FDにおける大学行政の役割」　越前喜六（上智大学）
3．「Inter-university 機関によるFD」　示村悦二郎（早稲田大学）

セッションⅢ（「大学の自己評価の方法」（第六課題研究）の課題）
司会　安岡高志（東海大学）松岡信之（国際基督教大学）
1．「問題提起」　関正夫（広島大学）
2．「大学の自己評価の方法――私立大学の立場から――」　平尾三郎（札幌大学）
3．「大学の自己評価の方法――国立大学の立場から――」　塩谷哲夫（東京農工大学）
4．「大学の自己評価の方法――双方向型評価の導入――」　清水一彦（筑波大学）

セッションⅣ（「一般教育の実施組織・制度のあり方」（第七課題研究）の課題）
司会　清原岑夫（金沢大学）近久芳昭（東京農工大学）
1．「上智大学における一般教育改革」　長島正（上智大学）
2．「八戸工業大学における一般教育改革」　目修三（八戸工業大学）

3.「国立大学一般教育主事制の問題」　福桜盛一（島根大学）
4.「近畿地区大学一般教育研究会の改称と今後の課題」　三宅雅明（大阪府立大学）
5.「わが国の大学における『ファカルティ（学部・教授団）』概念の問題」　堀地武（香川大学）
セッションⅤ〈一般教育学会の改革と方途について〉
司会　越前喜六（上智大学）香西敏器（山梨学院大学）
1.「『大学教育学会（仮称）への改称・改組』に関する検討資料」　堀地武（香川大学）
2.「一般教育のパラダイムの変化に対応する学会運営」　扇谷尚（大阪薫英女子短期大学）
3. 坂井昭宏（北海道大学）

○第一七回大会　一九九五（平成七）年六月一〇日・一一日　**桜美林大学**
——日本社会の変容と大学教育改革の課題——教養（一般）教育の再構築をめぐって——
自由研究：Ⅰ～Ⅴ
特別講演「一般教育の大切さ」　有馬朗人（元東京大学総長）
司会　清水畏三（桜美林大学）
シンポジウムⅠ〈教養教育の系譜とその今日的課題——戦後大学教育五〇年の軌跡をめぐって——〉
司会　越前喜六（上智大学）千葉茂美（明治学院大学）
1.「戦後大学五〇年の軌跡——一般教育の変遷を中心に——」　黒羽亮一（学位授与機構）
2.「戦後日本の大学教育と教養教育——その変遷と課題——」　寺﨑昌男（立教大学）
3.「人間教育としての教養教育」　式部久（広島経済大学）
4.「これからの大学教育の課題」　坂井昭宏（北海道大学）

シンポジウムII〈二一世紀日本の大学像をさぐる――一般教育学会のあり方を含めて――〉
司会　清水畏三（桜美林大学）
1．「二一世紀日本の大学像と一般教育学会の課題」　関正夫（広島大学）
2．「大学教育とは何か」　蝋山道雄（上智大学）
3．「一般教育学会の課題」　後藤邦夫（桃山学院大学）
4．「『二一世紀日本の人学像を探る――一般教育学会のあり方を含めて――』にかかわるコメント」　清原岑夫（金沢大学）
5．「学会名の改称を急げ（提言）」　安岡高志（東海大学）
コメンテーター　絹川正吉（国際基督教大学）

研究交流部会：
I「一般（教養）教育管理運営の体制」
II「FD活動の用件と大学教授法開発センター（仮称）の構想」
III「学年暦・学期制・成績係数（GPA制）を考える」
IV「外国語教育の改革」
V「保健体育教育の改革」
VI「情報教育の取り組み」
VII「短期大学教育の課題」
VIII「自己評価・自己点検の現状と課題」

□一九九五年度課題研究集会　一九九五（平成七）年一一月一八日・一九日　敬和学園大学
――単位制度の充実を考える――

特別講演：「リベラル・アーツの圧力」　北垣宗治（敬和学園大学学長）

セッションⅠ〈ＦＤの見地から〉

司会　林義樹（武蔵大学）吉村尚久（新潟大学）

1．「『単位』の根拠をさぐる」　原一雄（亜細亜大学）

2．「単位制度――大学新設をめぐって――」　松崎奈岐（新潟国際情報大学）

3．「Academic Credit in American Higher Education and the Credit System of Southern Illinois University at Carbondale□SIUC□」　Jared H. Dorn□SIUC–Niigata□

セッションⅡ〈小道具の立場から〉

司会　志水紀代子（追手門学院大学）安岡高志（東海大学）

1．「日本教育史の教材としての自殺統計――昭和三〇年代初期の自殺増加の解釈を中心に――」　立川明（国際基督教大学）

2．「大学教育の『小道具』――大学教育の大衆化と変容の観点から――」　田中義郎（玉川大学）

3．「外国語教育改革――敬和学園大学の場合――」　松崎洋子（敬和学園大学）

○第一八回大会　一九九五（平成七）年六月一日・二日　札幌大学

――日本の教育システムの現状と大学における教養教育の位置――

自由研究：Ⅰ～Ⅶ

特別講演：「『一般教養』の脱構築のために」　中村雄二郎（明治大学教授）

司会　平尾三郎（札幌大学）

シンポジウムⅠ〈日本の教育システムの問題――大学教育が果たしている、果たし得ないでいる役割〉

司会　太田一男（酪農学園大学）西川喜良（甲南大学）

1．「大学改革への期待〜提言『大衆化時代の新しい大学像を求めて』」
櫻井修（経済同友会幹事・大学審議会委員・住友信託銀行相談役）

2．「生涯教育と家庭教育の視点から大学教養教育の新展望——シンポジウムⅠにおける発題——」
土橋信男（北星学園大学）

3．「教師教育の立場から」　逸見勝亮（北海道大学）

4．「大学は何をしていないように見えるか」　山岸駿介（教育ジャーナリスト）

シンポジウムⅡ〈大学教育になにが期待されているか——専門ディシプリンと教養教育——〉

司会　後藤邦夫（桃山学院大学）坂井昭宏（北海道大学）

1．「『教育』の境界線の引き直し」　栗原彬（立教大学）

2．「一般教育の意味」　村上陽一郎（国際基督教大学）

3．「専門ディシプリンと教養教育」　安岡高志（東海大学）

4．「大学教育に何が期待されているか——専門ディシプリンと教養教育」　鷲田小弥太（札幌大学）

総合討論「大学における外国語教育を考える」

□一九九六年度課題研究集会　一九九六（平成八）年一一月三〇日・一二月一日　大阪女学院短期大学

——学士・準学士教育の充実を考える——

開会講演「準学士教育の充実——その可能性と検証——」
関根秀和（大阪女学院短期大学学長）・加藤映子（大阪女学院短期大学教授）

セッションⅠ〈外国語教育を考える・その二〉

司会　寺崎昌男（立教大学）山村嘉巳（関西大学）

1．「英語教育改善の方策を考える」　田中慎也（國學院大学）

2．「中教審第一次答申（一九九六）に記述された外国語（英語）と中・高・大の連携」　田辺洋二（早稲田大学）

3．「外国語（英語）教育を考える」　智原哲郎（大阪女学院短期大学）

セッションⅡ〈学期制度を考える〉

司会　佐藤東洋士（桜美林大学）舘昭（学位授与機構）

1．「一橋大学経済学部における学期制度導入の経緯」　高橋一（一橋大学）

2．「広島修道大学における学期制度と教養教育」　馬場浩太（広島修道大学）

3．「上智大学比較文化学部でのセメスター制度について」　須賀敦子（上智大学）

4．「セメスター制活用に関する一提言」　讃岐和家（和泉短期大学）

5．「学期制度を考える一学年の始期の変更か、三学期制か」　舘昭（学位授与機構）

セッションⅢ〈大学・短大の教育評価を考える〉

司会　原一雄（亜細亜大学）田中義郎（玉川大学）

1．「ＩＣＵにおけるＧＰＡ制度」　絹川正吉（国際基督教大学）

2．「高等教育の大衆化と短大からみた教育評価」　濱名篤（関西女学院短期大学）

3．「大学におけるＴＩＣ（Trans-Instiutional Competence）と教育評価――教育と評価の共有化に向けて――」　田中義郎（玉川大学）

○第一九回大会　一九九七（平成九）年六月七日・八日　沖縄大学

――二一世紀へ向かうグローバルな社会変動と大学教育における教養教育の位置と役割――
自由研究：Ⅰ～Ⅶ
特別講演：「沖縄から見た日本、日本からみた沖縄」　新崎盛暉（沖縄大学教授）
司会　平良研一（沖縄大学）
シンポジウムⅠ〈グローバリーゼーションの中の〝地域〟と大学教育――教養教育の役割を中心に――〉
司会　越前喜六（上智大学）志水紀代子（追手門学院大学）
1．「グローバリーゼーションと地域社会の主体性――大学教育の新しい役割――」　千葉杲弘（国際基督教大学）
2．「沖縄から日本の民主化・国際化を考える」　米盛裕二（琉球大学）
3．「一般教育への生涯学習視点からの提案」　瀬沼克彰（桜美林大学）
4．「新しい秩序の形成と大学教育の改革」　高橋眞司（長崎総合科学大学）
シンポジウムⅡ〈大学設置基準「大綱化」以降の大学改革によって一般教育・教養教育はどのように変わったか、従来の大学教育の問題を打開していく教養教育の改革ははかられたか〉
司会　寺﨑昌男（立教大学）中田實（愛知学泉大学）
1．「教養教育における『北大方式』の今後」　小笠原正明（北海道大学）
2．「神戸大学における一般教育の現状と課題」　瀧上凱令（神戸大学）
3．「設置基準『大綱化』以降の大学教育改革――学部教育から学士課程教育へ――」　舘昭（学位授与機構）
4．「福岡地区大学の新課程について」　稲田朝次（九州国際大学）
総合討論「大学における環境教育」

□一九九七年度課題研究集会　一九九七（平成九）年一一月二九日・三〇日　亜細亜大学

――大学教育の未来像――

基調講演：「二一世紀初頭のわが国における大学教育の使命と課題」　讃岐和家（大学教育学会会長）

シンポジウムⅠ〈第八課題研究「ＦＤ活動の具体的展開」〉

司会　寺﨑昌男（立教大学）千葉茂美（明治学院大学）

1．「大学外国語教育に未来はあるか――立教大学における英語教育改革の経験――」　実松克義（立教大学）

2．『学生による授業評価』とＦＤ活動――金城学院大学の事例に即して――」　二杉孝司（金城学院大学）

3．「ＦＤ・個人的取り組みから組織的取り組みへ」　松岡信之（国際基督教大学）

4．「ＦＤ活動の今後の研究課題と実践方法」　原一雄（亜細亜大学）

シンポジウムⅡ〈これからの学士教育・準学士教育〉

司会　関根秀和（大阪女学院短期大学）佐藤東洋士（桜美林大学）

1．「高等教育の需要の変化に即応せよ」　池木清（日本橋女学館短期大学）

2．「学士教育：学生の自己教育」　堀地武（香川大学）

3．「日本の学士課程教育における一般・教養教育再建の課題と展望」　後藤邦夫（桃山学院大学）

4．「これからの学士課程教育の在り方」　秀島武敏（千葉大学）

全体会〈新しい大学教育への共同的な取り組みを拓く〉

○第二〇回大会―学会名称改称記念大会　一九九八（平成一〇）年六月四日・五日　国際基督教大学

――二一世紀の大学教育の創造――

自由研究：Ⅰ～Ⅵ　ポスター発表　自主セッション

特別講演「教養教育再考」　村上陽一郎（国際基督教大学教授）
　司会　岡野昌雄（国際基督教大学）

シンポジウムⅠ〈Liberal Arts Education for Global Citizenship〉
　司会　讃岐和家（和泉短期大学）原一雄（亜細亜大学）
　1．「ＩＣＵのリベラルアーツ教育の意味と実践」　G・シェーパース（国際基督教大学）
　2．「地球市民とリベラルアーツ教育」　千葉杲弘（国際基督教大学）
　3．「教わる立場からのリベラル・アーツ」　園田俊彦㈱東京三菱銀行）
　4．「教育サービスから見た大学のタイプ分類――『大学教育改革の学生認知度調査』から――」　中津井泉㈱リクルート）

シンポジウムⅡ〈ユニバーサル化する大学における専門教育の意味〉
　司会　後藤邦夫（桃山学院大学）絹川正吉（国際基督教大学）
　1．「専門教育を問う」　天野郁夫（国立学校財務センター）
　2．「ユニバーサル化する大学での工業教育」　茂里一紘（広島大学）
3．「ユニバーサル化する大学における専門教育の意味――経済学部の現場で考えること――」　藤岡惇（立命館大学）
　4．「自然科学分野における科学・技術専門教育の問題点」　田坂興亜（国際基督教大学）

研究交流部会：
　Ⅰ「新しい教養教育、その理念と実践」
　Ⅱ「学生のための授業開設――いま、何が問題か――」
　Ⅲ「大学教育の『国際化』、その内容を検証する」

Ⅳ「短期大学（準学士）教育の実現に向けて」

□一九九八年度課題研究集会　一九九八（平成一〇）年一一月二八日・三〇日　四国大学

――課題研究のレビューと今後の展開――

セッションⅠ〈課題研究⑧　ＦＤ活動の具体的展開〉

司会　原一雄（亜細亜大学）横畠康吉（四国大学）

1．「大学改革の方法としてのＦＤ再考」　坂井昭宏（北海道大学）

2．『教える責任』と『学ぶ責任』」　山内正平（千葉大学）

セッションⅡ〈課題研究⑨　学生の自己教育――Self-directed Learning 力の形成に向けて〉

司会　田中義郎（玉川大学）濱名篤（関西国際大学）

1．『自己教育力』形成のためのリメディアル教育――アメリカからのインプリケーション――」　吉田文（メディア教育開発センター）

2．「関西大学における英語教育：Self-directed Learning を目指した二つの事例」　北村裕（関西大学）

コメンテーター　濱名篤（関西国際大学）

セッションⅢ〈課題研究⑩　大学教員評価〉

司会　佐藤東洋士（桜美林大学）松岡信之（国際基督教大学）

1．「東海大学における教員評価の試みとその課題」　松本亮三（東海大学）

2．「意図的学習を目指す学生を育てるために――学生満足度調査からの提案――」　本田義章（㈱ベネッセコーポレーション）

3．「米国大学における教員評価方法に見る教員のプロフェッショナリズム」　諸星裕（桜美林大学）

セッションⅣ〈課題研究⑪　外国語教育の改革〉

司会　千葉茂美（明治学院大学）竹前文夫（亜細亜大学）

1．「全学に支えられた外国語教育改革――立教大学の場合――」　鳥飼玖美子（立教大学）

2．「大学における語学教育」　山村嘉己（関西大学）

3．「内なる外国語教育・学習改革を共通の課題として――英語と他外国語の共同・協力を考える――」　近藤弘（千葉工業大学）

セッションⅤ〈課題研究⑫　単位制度の運用〉

司会　近藤浩二（香川大学）石原静子（和光大学）

1．「教育課程、カリキュラム、授業設計の基礎としての単位制度」　舘昭（学位授与機構）

2．「単位制度の効果的な運用のための諸方策――上限設定制の導入を中心として――」　讃岐和家（和泉短期大学）

○第二一回大会　一九九九（平成一一）年六月五日・六日　倉敷芸術科学大学

――大学審議会答申と大学教育改革の接点――

自由研究：Ⅰ～Ⅷ　自主セッション

特別講演「大学改革の現状と課題――大学審議会答申との関連において」　有本章（前広島大学大学教育研究センター長）

司会　河野昌晴（倉敷芸術科学大学）

シンポジウムⅠ〈「ＦＤ」等の課題及びファカルティの活動の在り方――大学設置基準努力義務規定等との関わり――〉

司会　佐藤東洋士（桜美林大学）山野井敦徳（広島大学）

1．「FD活動の在り方と今後の実践課題——努力義務規定は果たして必要か——」　原一雄（国際基督教大学）

2．「大学の自己評価・大学評価システムとFD」　舘昭（学位授与機構）

3．「大学教員評価システム」　絹川正吉（国際基督教大学）

4．「アカデミック・フリーダムと大学審議会答申」　寺﨑昌男（桜美林大学）

シンポジウムⅡ〈大学教育に期待する人材育成——特に企業人の見地に着目して——〉

司会　越田豊（高知工科大学）飯田哲也（立命館大学）

1．「創造性豊かな人材こそ宝」　中條高徳（アサヒビール㈱）

2．「日本の企業は独創的人材を生かせるか」　本多二朗（フリー・ジャーナリスト）

3．「動物行動学から見た教育」　日髙敏隆（滋賀県立大学）

シンポジウムⅢ〈教養教育に関する大学の組織運営——「説明責任」能力、「責任主体」機能を重視して——〉

司会　越前喜六（上智大学）近藤浩二（香川大学）

1．「大学の教養教育に関する実態調査報告」　小山悦司（倉敷芸術科学大学）

2．「国立大学における教養教育の組織運営」　瀧上凱令（神戸大学）

3．「私立大学における教養教育の組織運営」　後藤邦夫（桃山学院大学）

4．「短期大学における教養教育の組織運営——「大学」としての accountability 能力の基礎——」　関根秀和（大阪女学院短期大学）

コメンテーター　生和秀敏（広島大学）

コメンテーター「四国学院大学教養部の場合」　杉木孝作（四国学院短期大学）

研究交流部会：

Ⅰ「教育理念・目標の在り方の探求――単位制度の空洞化から学生の自己教育や責任能力の開発までの視野」

Ⅱ「大学における言語技術教育（口頭表現・文章表現）の課題――実践報告、実践のノウハウ・教材・シラバス等――」

Ⅲ「学生指導システムの新展開――その理念と実践――」

Ⅳ「保健体育教育の課題と大学審議会答申」

□一九九九年度課題研究集会　一九九九（平成一一）年一一月二七日・二八日　立命館大学

――二一世紀の大学教育を求めて――

特別講演「二一世紀の大学教育について」　長田豊臣（立命館大学総長）

シンポジウムⅠ〈ＦＤ活動の具体的展開〉

司会　原一雄（国際基督教大学）向井俊彦（立命館大学）

1．「立命館大学におけるＦＤ活動」　吉岡公美子（立命館大学）

2．「千葉大学におけるＦＤプログラムとその課題――普遍教育の活性化に向けて――」　山内正平（千葉大学）

3．「ＦＤ活動の組織化の輪をいかに広げるか」　吉村尚久（新潟大学）

コメンテーター　有本章（広島大学）

シンポジウムⅡ〈大学教育のあり方について――インターンシップを軸に――〉

司会　中村正（立命館大学）志水紀代子（追手門学院大学）

1．「立命館大学におけるインターンシップの現状と展望」　種子田穣（立命館大学）
2．「インターンシップをとおして学生を受け入れている立場からの問題提起」　加納啓子（三洋電気㈱）
3．「インターンシップの現状と課題：大学コンソーシアム京都の事例」　河村能夫（龍谷大学）
コメンテーター　筒井洋一（富山大学）
シンポジウムⅢ〈現代の学生と教養――現代の学生に生きる知恵と覚醒させる教養とは――〉
司会　和田武（立命館大学）越前喜六（上智大学）
1．「学生の変化と教養――学生の低学力問題について――」　加藤恒男（中京女子大学）
2．「近現代日本の教養論の課題と大学教育」　渡辺かよ子（愛知淑徳大学）
3．「現代の学生と自然科学的教養」　桑原雅子（桃山学院大学）
コメンテーター　「『総合的な学習の時間の創設』と『学生の生きる力と智慧の覚醒』――教養教育再構築の一視点――」　林義樹（武蔵大学）

○第二二回大会　二〇〇〇（平成一二）年六月三日・四日　千葉大学

――これからの大学の個性化――

自由研究：Ⅰ～Ⅷ
特別講演：「二一世紀の私立大学像」　奥島孝康（早稲田大学総長）
司会　南塚信吾（千葉大学）
シンポジウムⅠ〈大学の個性化をいかに打ち出していくか〉
司会　坂井昭宏（北海道大学）秀島武敏（千葉大学）
1．「大学の個性化をどう考えるべきか」　佐々木嬉代三（立命館大学）

2．「今後の人口動態の変化予測と大学個性化の可能性」　佐藤東洋士（桜美林大学）
3．「大学教育における学生参加」　南塚信吾（千葉大学）
シンポジウムⅡ〈大学の個性化と学生選抜〉
司会　田中義郎（玉川大学）寺﨑昌男（桜美林大学）
1．『高校・大学』の接続とアドミッション・ポリシー」　田村哲夫（渋谷教育学園）
2．「千葉大学飛び入学――現場からの報告――」　大高一雄（千葉大学）
3．「選択から選択への転換」　荒井克弘（大学入試センター）
研究交流部会：
Ⅰ「学生の自主的態度、能力を育てる教育システム」
Ⅱ『総合的学習』の始動と知識創造としての授業の構想――小学校から大学まで『学びのモードチェンジ』への対応――」
Ⅲ「大学院への重点化移行と学部教育」
Ⅳ「高等教育の構造的変化と短期大学教育――制度と教育課程を焦点として」

□二〇〇〇年度課題研究集会　二〇〇〇（平成一二）年一一月二五日・二六日　和泉短期大学
――二一世紀日本の大学教育の課題――大学教養教育の充実に向けて――
特別講演「グローバル化時代の教養教育」　絹川正吉（大学教育学会会長）
シンポジウムⅠ〈単位制度の運用――その効果と展望〉
司会　田中義郎（玉川大学）窪龍子（和泉短期大学）
1．「単位制度運用の前提となる個々の授業の充実とその方策」　舘昭（大学評価・学位授与機構）

2．「GPA制度、FTE、単位制――大学改革のためのツールとして――」　諸星裕（桜美林大学）
3．「大学設置基準改革後に単位制度はどこまで改善されたか」　濱名篤（関西国際大学）
シンポジウムⅡ－1〈大学全入時代における教養と教養教育〉
司会　越前喜六（上智大学）宮内美智子（青葉学園短期大学）
1．「古代ギリシア人の教養理念をふまえて」　千葉茂美（明治学院大学）
2．「関係性の倫理と文化理解――教養教育の現代的課題に対する一視点――」　桑原直己（筑波大学）
3．「今、私学の一般教育改革を考える」　向井俊彦（立命館大学）
4．「真の教養とは、生きられる智慧ではあるまいか？」　越前喜六（上智大学）
シンポジウムⅢ－2〈大学全入時代における教養と教養教育――教養教育の実践と組織――〉
司会　寺﨑昌男（桜美林大学）宮脇澤美（中部大学）
1．「新潟大学の実践と組織」　小林昌二（新潟大学）
2．「倉敷芸術科学大学の実践と組織」　小山悦司（倉敷芸術科学大学）
3．「北里大学における教養教育の実践と組織」　古矢鉄矢（北里大学）
4．「大学全入時代における教養教育の実践と組織――指定討論者の視点から――」　関根秀和（大阪女学院短期大学）

○第二三回大会　二〇〇一（平成一三）年六月九日・一〇日　桃山学院大学

――「グローバル化」と大学教育――
自由研究：Ⅰ～Ⅸ
特別講演「人権教育としての日本文化」

尾本恵市（桃山学院大学教授・文学部長、東京大学名誉教授、元国際日本文化研究センター教授）

シンポジウムⅠ〈「グローバル化」時代の教養教育〉

司会　山川偉也（桃山学院大学）　田坂興亜（国際基督教大学）

1．「大学教育学会報告『環境・地球・人権』」　宇井純（沖縄大学）

2．「教養としての女性への科学教育の必要性と公益学」　大島美恵子（東北公益文科大学）

3．「情報・倫理・人権」　名和小太郎（国際大学）

シンポジウムⅡ〈学生の多様化と「学習力」〉

司会　寺木伸明（桃山学院大学）　濱名篤（関西国際大学）

1．「学生の学習要求から大学教育の再生をさぐる」　長尾彰夫（大阪教育大学）

2．「高等学校における学習力の現実と課題」　鈴木徹（賢明学院高等学校）

3．「大学生の学習力：日本の現実とアメリカの経験」　山田礼子（同志社大学）

研究交流部会：

Ⅰ「遠隔教育の現状と問題点」

Ⅱ「留学生と教養教育」

Ⅲ「教養教育としての女性学」

Ⅳ「教養教育の評価」

□二〇〇一年度課題研究集会　二〇〇一（平成一三）年一二月八日・九日　玉川大学

――大学カリキュラムの未来――コア科目開発の現状と展望――

特別講演「我が国の大学教育――二一世紀へのシナリオ（現在の大学教育改革は如何なる未来を導くのか）」

シンポジウムⅠ〈アジア諸国の大学教育改革――グローバリゼーションとカリキュラム開発のシナリオ〉
佐藤禎一（日本学術会議理事長、前文部事務次官）
司会　佐藤東洋士（桜美林大学）田中義郎（玉川大学）
1.「グローバリゼーションとカリキュラム開発のシナリオ――韓国の事例――」馬越徹（名古屋大学）
2.「中国における大学教育カリキュラム開発――総合大学の事例を中心に――」苑復傑（メディア教育開発センター）
3.「台湾の高等教育の現状と展望」日高春昭（桜美林大学）
4.「シンガポールにおける大学教育改革」池田充裕（山梨県立女子短期大学）
5.「マレーシアの大学教育におけるグローバリゼーションとコアカリキュラム」杉本均（京都大学）
6. タイ　赤木攻（大阪外国語大学）
コメンテーター　佐藤禎一（日本学術振興会）

シンポジウムⅡ〈大学のコア科目開発と実践〉
司会　寺﨑昌男（桜美林大学）松香光夫（玉川大学）
1.「東北大学の全学教育改革」星宮望（東北大学）
2.「大学のコア科目の開発と実践――神戸大学の事例――」波田重熙（神戸大学）
3.「共通教育の抜本的改編に向けて――名古屋大学の挑戦――」山田弘明（名古屋大学）
4.「立教大学の教養教育改革」西田邦昭（立教大学）
5.「玉川大学のコアカリキュラムの実践」後藤昌彦（玉川大学）

シンポジウムⅢ〈学生の自己教育の育成に向けて――コア科目の役割と性格付け――〉
司会　濱名篤（関西国際大学）岡井紀彦（玉川大学）

1．「大学の授業はどのように行われ、学生は何を学んでいるか」　藤岡完治（京都大学）
2．「学生の自己教育力の育成に向けて――コア科目の役割と性格付け――」　安岡高志（東海大学）
3．「生涯学習における学習継続の促進に向けて」　大塚雄作（大学評価・学位授与機構）
4．「学生の自己教育力の育成と授業者の役割」　井下理（慶應義塾大学）

○第二四回大会　二〇〇二（平成一四）年七月一三日・一四日　宮城大学

――「総合的な学習」と大学教育――

自由研究：Ⅰ～Ⅶ　ラウンドテーブルⅠ～Ⅵ

特別講演「『総合的学習』導入の意義と展望」　寺脇研（文部科学省大臣官房審議官）

シンポジウムⅠ〈「総合的な学習」の現実――今、学校では何が起こっているのか――〉

司会　佐治晴夫（宮城大学）

1．「『総合的な学習』と評価の問題――本校の実践から――」　若山英大（宮城県宮城野高等学校）
2．「生きる力を育む小論文指導を主とした『総合的な学習の時間』について」　鈴木雅典（宮城県第二女子高等学校）
3．「『生活即教育』――自由学園の総合学習――」　矢野恭弘（自由学園）
4．「高森中学校研究全体構想」　千葉厚志（仙台市立高森中学校）
5．「SPタイムで育む〝共に生きる喜び〟――本学の特色を生かした総合的な学習」　佐々木和代（仙台白百合学園中学校）

コメンテーター「学会を社会へ諸学校へ開こう」　石原静子（和光大学）
コメンテーター　小泉祥一（東北大学）

シンポジウムⅡ〈「総合的な学習」と大学教育〉

司会　坂井昭宏（北海道大学）山内正平（千葉大学）

1.「『総合的な学習』と"Back to Basics"のあいだ」　後藤邦夫（桃山学院大学）

2.「原点に戻って見直す教育活動を」　目修三（八戸工業大学）

3.「総合的な学習の時間と大学教育のサバイバル戦略――大学が日本の教育改革に貢献するシナリオ――」　林義樹（武蔵大学）

4.「シンポジストとして」　佐治晴夫（宮城大学）

□二〇〇二年度課題研究集会　二〇〇二（平成一四）年一一月三〇日・一二月一日　京都外国語大学

――元気が出る大学改革――

特別講演「高等教育の拡大と初年次教育――アメリカ及び世界の動向――」

Randy Swing（米 Brevard 大学 ノースカロライナ州大学初年次教育政策センター Co-Director）

シンポジウムⅠ〈自己学習力――何を学習支援していけばいいのか――〉

司会　濱名篤（関西国際大学）

1.「大学生の学習技術・学習習慣と学習力――学習者の主体性はいかにして損なわれるのか――」　佐藤広志（関西国際大学）

2.「『心のケア』を視野に入れた学生支援――カウンセリングの立場から――」　苫米地憲昭（国際基督教大学）

3.「個別化対応ニーズに対する組織的な学習支援・学生支援――サンフランシスコ州立大学（ＳＦＳＵ）の事例を手がかりとして――」　田中義郎（玉川大学）

シンポジウムⅡ〈活性化につながる評価とは〉
司会　福井直秀（京都外国語大学）安岡高志（東海大学）
1．「大学教員の評価――現在までの評価論に欠けていたもの――」　関根秀和（大阪女学院短期大学）
2．「高知工科大学からの経験」　岡村甫（高知工科大学）
3．「中国における大学教育評価」　苑復傑（メディア教育開発センター）
シンポジウムⅢ〈言語政策と外国語教育〉
司会　寺﨑昌男（桜美林大学）平山弓月（京都外国語大学）
1．「日本の言語教育政策の問題点」　大谷泰照（滋賀県立大学）
2．「文部科学省の言語政策」　中嶋嶺雄（アジア太平洋大学交流機構）
3．「外国人の目で見た日本の英語教育」　ランドルフ・スラッシャー（沖縄キリスト教短期大学）

○第二五回大会　二〇〇三（平成一五）年六月七日・八日　大阪薬科大学

――市民力と大学教育――二一世紀の市民権に応えうる大学教育とは？――
自由研究：Ⅰ～Ⅶ　ラウンドテーブルⅠ～Ⅸ
特別講演「地域主権の時代――多元的経済社会と大学の役割」　内橋克人（経済評論家）
シンポジウムⅠ〈グローバル化時代の大学像と文化の多元性――大学（教養）教育の課題――〉
司会　坂井昭宏（北海道大学）寺﨑昌男（立教学院）
1．「無意味な生からの脱却――アジア学院での出会いが若者を変える――」　田坂興亜（アジア学院）
2．「市民による学びの場の創造と運営――関西ＮＧＯ大学の実践――」　浜本裕子（大阪ＹＭＣＡ）
3．「『国立大学法人化』は大学にとって、また市民社会にとって何を意味するのか」　高橋哲哉（東京大学）

シンポジウムⅡ〈市民力を育てる人権、平和、環境、福祉・医療教育〉
司会　松島哲久（大阪薬科大学）　志水紀代子（追手門学院大学）
1.「『市民する』力を育てるワークショップの可能性」　水野スウ（「紅茶の時間」主宰）
2.「薬害はなぜ起きるのか」　川田龍平（松本大学非常勤講師）
3.「大学が担うべき役割の再検討：女子学生に対する就職サポートを中心に」　西尾亜希子（大阪女学院短期大学）
4.「現代社会のリスクと教養教育――歴史の動向から考える――」　竹下賢（関西大学）

□二〇〇三年度課題研究集会　二〇〇三（平成一五）年一一月二九日・三〇日　中京女子大学

――大学新時代における教養教育の再考と創造――教養教育における評価と高大連携・移行――
特別講演「教養教育・大学教育の新たな創造をめざして――大学教育二五年の歩みから展望する」　絹川正吉（大学教育学会前会長、国際基督教大学学長）
シンポジウムⅠ〈教養教育評価の基礎Ⅰ：教養教育の内容の評価は如何にすれば可能か〉
司会　越前喜六（上智大学）後藤邦夫（NPO法人学術研究ネット）
1.「教養教育の目標、内容の評価をどう考えるか」　寺﨑昌男（立教学院）
2.「教養教育の授業内容と評価――理工系教養教育の立場から――」　寺島武敏（千葉大学）
3.「人文系教養教育の評価――学部専門教育の創造的復権をめざして――」　坂井昭宏（北海道大学大学院）
シンポジウムⅡ〈日本における初年次教育の構造を考える〉
司会　川島啓二（国立教育政策研究所）
1.「大学管理職からみた初年次教育への期待と評価」　杉谷祐美子（青山学院大学）

2．「大学生にとっての円滑な移行」　濱名篤（関西国際大学）

3．「初年次教育の日米比較——特質と課題——」　近田政博（名古屋大学）

コメンテーター　「『共創』の時代を迎えた大学教育」　足立寛（㈱進研アド）

コメンテーター　山岸駿介（多摩大学）

シンポジウムⅢ〈高校と大学との創造的連携をさぐる〉

司会　関根秀和（大阪女学院短期大学）

1．「高校・大学を一貫する青年期教育の創造の試み——『福祉社会入門』を中心に——」

柴田順三（日本福祉大学附属高等学校）

2．「東邦高等学校と東邦学園短大・大学との教育連携の到達点」　深谷和広（東邦学園大学）

3．「生き方と職業観の形成をめざす学びの共同体づくり」　高木義実（名古屋市立菊里高等学校）

コメント　伊藤彰男（三重大学）

○第二六回大会　二〇〇四（平成一六）年六月七日・八日　北海道大学

——大学教育の接続と連携——いつでも、どこでも、誰でも学べる——

自由研究Ⅰ～Ⅵ　ラウンドテーブルⅠ～Ⅶ　※Ⅵは中止

基調講演「国立大学法人化と大学教育の新たな展開」　中村睦男（北海道大学総長）

司会　坂井昭宏（北海道大学）

話題提供「優れた大学教育とは」　絹川正吉（大学教育学会前会長、国際基督教大学前学長）

司会　小笠原正明（北海道大学）

シンポジウムⅠ〈大学教育の接続〉

司会　田中毎実（京都大学）寺﨑昌男（立教学院）
1.「大学教育の接続——その現状と課題——」　杉谷祐美子（青山学院大学）
2.「予備校からみた中等教育、大学教育、そして大学入試」　丹羽健夫（河合文化教育研究所）
3.「初習理科教育の課題と展開」　四方周輔（北海道東海大学）
4.「大学教育の接続——国際的な視点から——」　舘昭（桜美林大学）
シンポジウムⅡ〈大学教育の連携〉
司会　逸見克亮（北海道大学）山内正平（千葉大学）
1.「大学教育の連携——現象と課題——」　関根秀和（大阪女学院短期大学）
2.「地域・大学連携による医療基本教育」　阿部和厚（北海道医療大学）
3.「e-Learningを介した高大連携プログラム」　小松川浩（千葉科学技術大学）
4.「大阪府『まなびング』サポート事業について——体験型学習とロゴス化——」　山本博史（追手門学院大学）

□二〇〇四年度課題研究集会　二〇〇四（平成一六）年一二月四日・五日　立教大学

——大学の教育力とその社会的役割——
基調講演「現代教養教育の原点と貢献——社会が求めるものと大学が提供すべきもの——」　柴田翔（東京大学名誉教授、共立女子大学教授）
司会　寺﨑昌男（立教学院）
シンポジウムⅠ〈高校教育の多様化の進行と初年次教育・導入教育の課題〉
司会　近田政博（名古屋大学）佐々木一也（立教大学）

1．「高校教育の多様化の進行と初年次教育・導入教育の課題──高等学校現場からの報告──」
杉森共和（東京都立世田谷泉高等学校）
2．「立教学院の一貫連携教育の理念が高等学校にもたらしたもの」　澁谷壽（立教新座中学校・高等学校）
3．「大学教育における第一世代問題の構造──私立中下位三大学の調査結果から──」
井上義和（関西国際大学）
4．「新入生の適応と不適応はどのような経験から生まれるか──学習面と対人関係を中心に──」
濱名篤（関西国際大学）

シンポジウムⅡ〈教学支援と大学改革──FD、SDからPD（Professional Development）へ〉
司会　松岡信之（国際基督教大学）今田晶子（立教大学）
1．「教学改革とマネジメントスタッフの役割──組織改革と人材育成──」　西田邦昭（立教大学）
2．「新潟大学における大学改革と教員及び事務職員の連携」　江口正樹（新潟大学）
3．「大学の機能変化と職員の役割──教学支援と大学改革──」　山本眞一（筑波大学）
4．「教学支援と大学改革──プロフェッショナル・ディベロップメントについて──指定討論者の視点から──」
関根秀和（大阪女学院大学）

シンポジウムⅢ〈教養教育の社会的役割と評価──「高等教育のグランドデザイン」議論を見据えて〉
司会　杉谷祐美子（青山学院大学）寺﨑昌男（立教学院）
1．「グランドデザインと教養教育」　天野郁夫（国立大学財務・経営センター）
2．「教養教育再建と『内容評価』確立への課題」　後藤邦夫（NPO法人学術研究ネット）
3．「高等教育の『グランドデザイン』とユニバーサル段階の大学教育の課題」　羽田貴史（広島大学）
4．「意思決定構造と教養教育の再構築」　山岸駿介（多摩大学）

○第二七回大会　二〇〇五（平成一七）年六月一一日・一二日　京都大学高等教育研究開発推進センター

――大学教育学会の未来へ――

自由研究Ⅰ～Ⅵ　ラウンドテーブルⅠ～Ⅵ

記念講演：「大学教育学会の二七年」　寺﨑昌男（立教学院）

司会　鈴木晶子（京都大学）

シンポジウムⅠ〈大学教育学会の未来へ〉

司会　佐々木一也（立教大学）松下佳代（京都大学）

1．「FD組織化のための『FD研究（アクション・リサーチ）組織化』への期待――FD現場実践経験者の立場から――」　井手弘人（長崎大学）

2．「大学教育学『研究』であるために」　藤田哲也（法政大学）

3．「大学授業研究のこれから――意味生成的な知の継承の場としての大学授業をめざして――」　阿部美香（京都教育大学）

4．指定討論　絹川正吉（国際基督教大学）

5．指定討論　佐藤東洋士（桜美林大学）

シンポジウムⅡ〈大学教育改革と大学教育学会〉

司会　田中毎実（京都大学）村島義彦（立命館大学）

1．「大学改革と大学教育学会――短期大学の視点から――」　関根秀和（大阪女学院短期大学）

2．「大学教育改革と大学教育学会」　野々村昇（活水女子大学）

3．『教養教育部』の設置、『教育総合評価システム』の構築など教育改革に関する実践報告」

坪井和男（中部大学）
4．指定質問　濱名篤（関西国際大学）
5．指定質問　本間政雄（京都大学）
コメント　絹川正吉（国際基督教大学）
コメント　寺﨑昌男（立教学院）
コメント　佐藤東洋士（桜美林大学）

□二〇〇五年度課題研究集会　二〇〇五（平成一七）年一一月二六日・二七日　新潟大学

基調講演：「学士課程教育の構築──『青春の終焉』とグローバル・メリトクラシーをめぐって──」
深澤助雄（新潟大学理事副学長）

シンポジウムⅠ〈教育支援コミュニティづくりとしてのＦＤ〉
司会　山田耕太（敬和学園大学）加藤かおり（新潟大学）
1．「大学の教育支援コミュニティの創造に向けて──知識経営モデルの活用──」
立田慶裕（国立教育政策研究所）
2．「学習改革と教育支援コミュニティづくりとしてのＦＤ──英独を中心として──」
津田純子（新潟大学）
3．「ＦＤの現在と課題」　田中毎実（京都大学）
4．「大学教員のマジョリティへの視座を」　小林昌二（新潟大学）
シンポジウムⅡ〈初年次教育・導入教育のアイデンティティ──キャリア教育と学士課程教育との関係を考える〉
司会　川嶋太津夫（神戸大学）中村博幸（京都文教大学）

1．「初年次教育からみた教養教育・キャリア教育」　濱名篤（関西国際大学）
2．「大学に求められるキャリア支援教育」
　角方正幸（リクルートワークス研究所）・松村直樹（リクルートマネジメントソリューションズ）
3．「初年次・キャリア教育と学士課程」　絹川正吉（国際基督教大学）
4．「学士課程教育のなかで初年次教育・キャリア教育をどう位置づけ、どう抜け出るか？」　溝上慎一（京都大学）
5．「教養教育論の多様化」　山岸駿介（財日本私学教育研究所）
シンポジウムⅢ〈教養教育の迷走を超えて――大綱化から一五年〉
司会　坂井昭宏（北海道大学）後藤邦夫（NPO法人学術研究ネット）
1．「大綱化以後の教養教育とその展望――国立大学の教養教育改革の現場から――」　田中一郎（金沢大学）
2．「私立大学の教養教育改革の現場から」　佐々木一也（立教大学）
3．「教養教育評価の経験から」　舘昭（桜美林大学）
4．「教養教育の迷走を超えて――コメント――」　瀧川哲夫（北海道大学）

○第二八回大会　二〇〇六（平成一八）年六月一〇日・一一日　東海大学
――評価時代を迎えた大学の在り方――
自由研究Ⅰ～Ⅶ　ラウンドテーブルⅠ～Ⅷ
基調講演：「ビジョンに基づく大学の組織マネージメント」　高橋俊介（慶応義塾大学大学院）
シンポジウムⅠ〈大学評価における認証評価機関の特徴を探る〉
司会　松岡信之（国際基督教大学）香西敏器（山梨学院大学）

1．「評価文化の形成に向けて——短期大学基準協会の場合——」　関根秀和（大阪女学院短期大学）

2．「独立行政法人大学評価・学位授与機構が実施する大学機関別認証評価について」　川口昭彦（(独）大学評価・学位授与機構）

3．「日本高等教育評価機構における認証評価の実施とその特徴」　伊藤敏弘（㈶日本高等教育評価機構）

4．「大学基準協会における大学評価」　川﨑友嗣（関西大学）

シンポジウムⅡ〈教養教育の評価に求められる内容評価〉

司会　舘昭（桜美林大学）佐々木一也（立教大学）

1．「教養教育の内容評価について」　舘昭（桜美林大学）

2．「Assessment at ICU: The 2005 Self Study Report and Accreditation from the AALE」　M. William Steele Dean（国際基督教大学）

3．「日本技術者教育認定機構ＪＡＢＥＥにおける教育評価」　四ツ柳隆夫（国立高専機構）

□二〇〇六年度課題研究集会　二〇〇六（平成一八）年一一月二五日・二六日　金沢大学

——教員組織とカリキュラム改革——

基調講演：「二一世紀における大学の教育・研究戦略」　瀬在幸安（㈶私学研修福祉会理事長）

シンポジウムⅠ〈学士課程に初年次教育をどう組み込むのか〉

司会　近田政博（名古屋大学）

1．「学生パネル調査から明らかになった日本における初年次教育の可能性」　白川優治（早稲田大学）

2．「大学機関調査からみた日本における初年次教育の可能性と課題」　山田礼子（同志社大学）

3．「日本の初年次教育・導入教育ＧＰ選定の試み」　川島啓二（国立教育政策研究所）

4．「Connecting the First Year of College to Larger Undergraduate Reforms」
Randy L. Swing（アメリカ・Policy Center on the First Year of College）
5．「日本の学士課程教育における初年次教育の位置づけと効果――初年次教育・導入教育・リメディアル教育・キャリア教育――」
濱名篤（関西国際大学）
6．「初年次教育のための組織体制づくり」
山田礼子（同志社大学）
7．「初年次教育とその評価」
川嶋太津夫（神戸大学）

シンポジウムⅡ〈学会課題研究「大学における教養教育の評価・認証の基礎」の中間報告について〉
司会　舘昭（桜美林大学）佐々木一也（立教大学）
1．「学会課題研究『大学における教養教育の評価・認証の基礎』中間報告における基本的な考え方」
後藤邦夫（NPO法人学術研究ネット）
2．「教養教育の評価・認証に関する研究――教育内容の評価に関する基本的視点――」
坂井昭宏（北海道大学）
3．「教養教育を軸にした大学改革への期待」
浦野光人（(財)経済同友会）
4．「大学教育の基本・原理に立ち返って考える」
寺﨑昌男（立教学院本部）
5．指定討論
関根秀和（大阪女学院大学）

シンポジウムⅢ〈FDのダイナミックス――現状の把握と課題の析出――〉
司会　田中毎実（京都大学）井下理（慶應義塾大学）
1．「FDのダイナミックス」
絹川正吉（国際基督教大学）
2．「課題研究『FDのダイナミックス』の方法と展望」
松下佳代（京都大学）
3．「諸外国の大学におけるFDの組織化の現状」
夏目達也（名古屋大学）

4．「ＦＤの二〇年を振り返って」 山内正平（千葉大学）

シンポジウムⅣ〈学士課程における理系基礎教育――教養教育からキャリア教育まで――〉

司会 松岡正邦・吉永契一郎（東京農工大学）

1．「文系学生への実験を重視した自然科学教育」 金子洋之（慶應義塾大学）

2．「工学系数学の標準的学力検査に向けて――工学系数学統一試験――」 渡邉敏正・高藤大介（広島大学大学院）

3．「企業連携に基づく実践的工学キャリア教育――職業意識の自己形成に向けた学生・技術者・教員の協働――」 西村伸也・仙石正和・原田修治・今泉洋・石井望・岡徹雄（新潟大学）

4．指定討論：「基礎教育の立て直し」 小笠原正明（東京農工大学）

コメント 秀島武敏（桜美林大学）

シンポジウムⅤ〈教員の所属のあり方とカリキュラム〉

司会 早田幸政（金沢大学）

1．「講座制の歴史的変遷とその功罪」 工藤潤（財大学基準協会）

2．「医学系における教員組織の在り方とカリキュラム」 高田重男（金沢大学大学院）

3．「教員所属組織のあり方と教養教育実施組織の課題――金沢大学共通教育機構を例にして――」 古畑徹（金沢大学）

4．「教育組織と教員組織を分離する金沢大学の『三学域・一六学類構想』」 山崎光悦（金沢大学大学院）

5．「教員の所属組織再編の動向――文部科学省委託調査をふまえ――」 渡辺達雄（金沢大学）

○第二九回大会　二〇〇七（平成一九）年六月九日・一〇日　東京農工大学

――持続可能な社会と大学――

自由研究Ⅰ〜Ⅸ　ラウンドテーブルⅠ〜Ⅶ

基調講演：「持続性科学の使命」　吉川弘之（産業技術総合研究所理事長）

司会　松岡正邦（東京農工大学）

シンポジウムⅠ〈持続可能な社会と教養教育〉

司会　小笠原正明（東京農工大学）

1．「持続可能な社会の教養としての生物学：進化と循環」　栃内新（北海道大学）

2．「持続可能な社会のための教養教育の再構築：『学びの銀河』プロジェクト」　玉真之介（岩手大学）

3．「『持続可能な社会』における教養とその教育」　戸田山和久（名古屋大学）

4．「『持続可能な社会』の理念と教養教育での具体化の課題」　亀山純生（東京農工大学）

シンポジウムⅡ〈教育と研究を考える〉

司会　舘昭（桜美林大学）

1．「教育と研究――外国の例から学ぶこと――」　永宮正治（高エネルギー加速器研究機構）

2．「教育と研究を考える――授業と研究業績の関係――」　安岡高志（東海大学）

3．「教育と研究の『古典的葛藤』を超える道――先行研究の整理と問題提起――」　飯吉弘子（大阪市立大学）

4．「学士課程教育と研究の関係性について」　舘昭（桜美林大学）

□二〇〇七年度課題研究集会　二〇〇七（平成一九）年一二月一日・二日　龍谷大学

――学士課程教育の再考――

開会前プログラム①初年次教育ワークショップ　②飛雲閣（西本願寺）見学
ランチョンセッション
特別講演：「イギリス教養教育の源流を訪ねて――学士課程の理念と構造――」　安原義仁（広島大学大学院）
シンポジウムⅠ〈学士課程教育の再構築〉
司会　濱名篤（関西国際大学）近藤久雄（龍谷大学）
1．「桜美林大学における学群制への移行――リベラルアーツ教育の再構築を中心として――」　佐藤東洋士（桜美林大学）
2．「教養教育と専門教育を統合したアウトカム評価型学士課程教育への取り組み」　濱口哲（新潟大学）
3．「伝統的な教養部方式の学士課程教育――学部・教養部協働による学士プログラムの構築――」　永平幸雄（大阪経済法科大学）
4．「学士課程教育の構築に向けて――その論点と課題――」　川嶋太津夫（神戸大学）
5．「龍谷大学における学士課程教育の再構築」　河村能夫（龍谷大学）
シンポジウムⅡ〈理系学士課程教育の充実方策〉
司会　松岡正邦・吉永契一郎（東京農工大学）
1．「学士課程教育の充実――高校生・大学生の視点から――」　中島由起子（河合塾）
2．「授業応答システム〝クリッカー〟」　鈴木久男（北海道大学）
3．「基礎教育の改善と分野別ＦＤの展開」　小笠原正明（筑波大学）
シンポジウムⅢ〈ＦＤのダイナミックス――ＦＤモデルの構築に向けて――〉
司会　井下理（慶応義塾大学）夏目達也（名古屋大学）
1．「目標達成のためのＦＤの在り方について」　安岡高志（立命館大学）

2．「ＦＤの工学的経営学的モデルとその生成性の回復のために」　田中毎実（京都大学）
3．「ＦＤのダイナミックス（その２）」　絹川正吉（国際基督教大学）
コメンテーター　鈴木敏之（文部科学省）

○第三〇回大会　二〇〇八（平成二〇）年六月七日・八日　目白大学
――大学の「教育力」――
自由研究Ⅰ～Ⅺ　ラウンドテーブルⅠ～Ⅷ
基調講演：「大学の『教育力』を考える三つの視点――学習成果、規制緩和、そして経営問題」　佐藤弘毅（目白大学学長）
司会　竹前文夫（目白大学）
シンポジウムⅠ〈大学の「教育力」とは何か〉
司会　松岡信之（国際基督教大学）青野透（金沢大学）
1．「大学の『教育力』とは何か」　金子元久（東京大学）
2．「民主的主権者の形成と大学の教育力――大学生の自己教育力と養う教育の創造――」　新村洋史（中京女子大学）
3．「教養教育の復権と学士課程教育」　徳永哲也（長野大学）
シンポジウムⅡ「大学における『教育力』を考える――教員と職員のコラボレーションの視点から――」
司会　佐々木一也（立教大学）
1．「全員参加型の入口対策――キーワードは『伴走』――」　長野佳恵（目白大学）
2．「学生の学びの支援と職員の教育参加」　本郷優紀子（桜美林大学）

3．「立命館大学における教育力の設計――これからの大学職員像――」 浅野昭人（立命館大学）
4．「『コラボレーション』の前提を考える――教員・職員関係論の試み――」 今田晶子（立教大学）
5．指定討論「シンポジウムⅡを振り返って」 安岡高志（立命館大学）

□二〇〇八年度課題研究集会　二〇〇八（平成二〇）年十二月六日・七日　岡山大学

開催校企画特別シンポジウム〈学生の主体的な学びを広げるために〉
――学生の主体的な学びを広げるために――
司会 小山悦司（倉敷芸術科学大学）山野井敦徳（くらしき作陽大学）
1．「学生は自主的な学びができている」 小林歩美（岡山大学教育学部三年次生）
2．「主体的な学びのために――『大学の実力』調査から――」 松本美奈（読売新聞社）
3．「内発的動機づけ」 荒瀬克己（京都市立堀川高等学校校長）
4．「主体的な学びにおける自由度」 橋本勝（岡山大学）
コメンテーター 「『主体的な学び』の原点――学習論の視座から――」 松下佳代（京都大学）

シンポジウムⅠ〈学士課程教育の改革へのアプローチをどのように進めるか〉
司会 杉谷祐美子（青山学院大学）安岡高志（立命館大学）
1．「学士課程教育の改革へのアプローチをどのように進めるか――リベラルアーツ教育への転換と試行（第一報）」 浦畑育生・奥田雅信・本田直也・石毛弓・中島彰子・毛利美穂（大手前大学）
2．「学域・学類への再編に伴うカリキュラム構築と人材育成目標設定の取組」 西山宣昭（金沢大学）
3．「教育コーディネーター導入による教育改革の推進」 柳澤康信（愛媛大学）
コメンテーター 「コメンテーターをつとめて」 舘昭（桜美林大学）

シンポジウムⅡ〈「大学人」能力開発に向けて――国立大学の存在――〉

司会　佐々木一也（立教大学）

1．「大学職員発の知識――東京大学業務改善の取組から――」　貝田綾子（東京大学）

2．「山形大学ＳＤと大地連携――若手職員発の大学改革の展開――」　山崎純一郎（文部科学省）

3．「国立大学における職員の能力開発――職員の能力開発を個人の立場から振り返る――」　山本淳司（京都大学）

4．「国立大学事務局員論から『大学人』論へ」　羽田貴史（東北大学）

シンポジウムⅢ〈ＦＤのダイナミックス――ＦＤモデル構築へむけた今後の課題〉

司会　井下理（慶應義塾大学）大塚雄作（京都大学）

1．「ＦＤの実施義務化が提起しているもの――諸外国との比較による若干の知見――」　夏目達也（名古屋大学）

2．「『ＦＤモデル』の構築可能性」　田中毎実（京都大学）

3．「ＦＤの今後の課題――ダイナミックス研究からの提言」　絹川正吉（国際基督教大学）

4．指定討論「大学文化と融合したＦＤへの期待をこめて」　寺﨑昌男（立教学院）

シンポジウムⅣ〈科学技術リテラシー教育と「学士力」の育成〉

司会　細川敏幸（北海道大学）秀島武敏（桜美林大学）

1．「『科学リテラシー』から見る『学士力』の在り方」　北原和夫（国際基督教大学）

2．「大学における統合的科学コースのすすめ」　鈴木久男（北海道大学）

3．「理工系学士課程カリキュラムの国際比較――化学工学を例とする教育課程の比較――」　松岡正邦（東京農工大学）

4．「理工系学士課程カリキュラムの国際比較――理工系学士課程における質の保証――」　吉永契一郎（東京農工大学）

○第三一回大会　二〇〇九（平成二一）年六月六日・七日　首都大学東京

――教育者としての大学教員――

自由研究Ⅰ〜Ⅻ　ラウンドテーブルⅠ〜ⅩⅤ

基調講演：「大学教員と初・中等教員――求められる能力の異同」　寺﨑昌男（大学教育学会長）

司会　永井正洋（首都大学東京）

シンポジウムⅠ〈大学教員のパフォーマンス評価〉

司会　田中義郎（桜美林大学）

1．「教員活動評価：岡山大学の事例」　山田雅夫（岡山大学）

2．「首都大学東京における教員評価制度」　奥村次徳（首都大学東京）

3．「ビジョンに基づくパフォーマンス評価」　安岡高志（立命館大学）

4．「教育業績を正しく評価できるか？」　小笠原正明（筑波大学）

シンポジウムⅡ〈大学教員の養成・研修―― Disciplineとの相克・相生〉

司会　奈良雅之（目白大学）

1．「大学教員のライフサイクルと学問学習共同体への参画」　大塚雄作（京都大学）

2．「ユニバーサル段階における大学教員の養成・研修システム」　小田隆治（山形大学）

3．「専門職業人としての大学教員とその養成・研修」　加藤かおり（新潟大学）

□二〇〇九年度課題研究集会　二〇〇九（平成二一）年一一月二八日・二九日　御堂会館大ホール、大阪市立大学

——学士課程における教養教育再考——

【特別講演（学会創立三〇周年記念）】（御堂会館大ホール）〈三〇周年記念事業〉

総合司会　矢野裕俊（大阪市立大学）

「教育への問いかけ」　特別講演講師　鷲田清一（大阪大学　総長）

特別講演講師紹介　寺﨑昌男（立教学院・大学教育学会前会長）

シンポジウムⅠ（御堂会館大ホール）〈学士課程における教養教育のあり方〉

司会　松岡信之（国際基督教大学）　山田礼子（同志社大学）

1．「『教養教育』の再定義とカリキュラムの設計、運営、評価」　後藤邦夫（学術研究ネット）

2．「『グローカル化』時代の学士課程教育と教養教育」　藤田英典（国際基督教大学）

3．「『学修成果』目標の策定とそれに基づく教養教育のあり方」　奥野武俊（大阪府立大学）

コメンテーター　関根秀和（大阪女学院大学）

シンポジウムⅡ（大阪市立大学杉本キャンパス学術情報総合センター）〈『学士課程教育』はどうあるべきなのか？〉

世話人　濱名篤（関西国際大学）

司会　濱口哲（新潟大学）

1．「『学士課程教育』というコンセプトはどのようにして生まれてきたのか〜歴史から現状へ〜」　杉谷祐美子（青山学院大学）

2．「『学士課程教育』はどのような課題を提起しているのか〜現状から課題へ〜」　山田礼子（同志社大学）

3．「『学士課程教育』のこれからの行方〜課題から解決（策）へ〜」　濱名篤（関西国際大学）

指定討論者　羽田貴史（東北大学）

シンポジウムⅢ（大阪市立大学杉本キャンパス学術情報総合センター）〈『大学人』能力開発――学生を視野に入れて考える――〉

世話人　佐々木一也（立教大学）

寺﨑昌男（立教学院）

司会　佐々木　一也（立教大学）

1．「これまでのまとめと展望」　本郷優紀子（桜美林大学）

2．「学生を視野に入れた職員企画の教職協働」

3．「学生目線からのＦＤとＳＤ」　秦敬治（愛媛大学）

II. 役員一覧

一九七九（昭和五四）年一二月八日〜一九八二（昭和五七）年六月六日

（一九八〇（昭和五五）年三月末日現在）

【会長】扇谷尚（大阪大学）
【理事（○印は常任理事、うち事務担当は◎）】
東北・北海道地区：○森博（東北大学）新美治一（福島大学）
関東地区：阿部玄治（千葉大学）○近藤精造（千葉大学）○濱野一彦（山梨大学）
東京地区：小池銈次（東京大学）○清水正賢（東京農工大学）
北陸・信越地区：竹内公基（新潟大学）杉本新平（富山大学）○竹村松男（金沢大学）清原岑夫（金沢大学）松崎一（信州大学）
東海地区：○丹生久吉（三重大学）
近畿地区：東慎之介（京都大学）布目潮渢（大阪大学）○友松芳郎（関西大学）萩原明男（近畿大学）西川喜良（甲南大学）
中国・四国地区：上野裕久（岡山大学）式部久（広島大学）◎堀地武（香川大学）鈴木堯士（高知大学）
九州地区：○稲田朝次（九州大学）平野稔（大分大学）高須金作（宮崎大学）
研究センター関係：佐藤博（関西大学）○関正夫（広島大学）
大学基準協会関係：○杉山逸男（日本大学）
国立大学協会関係：○緒方道彦（九州大学）
公立大学協会関係：○井上善太郎（大阪府立大学）

日本私立大学協会関係：○矢次保（日本私立大学協会）堀内永孚（武蔵工業大学）
日本私立大学連盟関係：○遠藤眞二（東京女子大学）小川勝治（明治学院大学）浜田清夫（同志社大学）
【監査】清水畏三（桜美林大学）後藤邦夫（桃山学院大学）
【事務局】（香川大学）事務担当理事　堀地武（香川大学）［一九八一（昭和五十六）年一〇月一日就任］
事務局幹事　〈庶務〉小池和男（香川大学）、植村正治（香川大学）〈会計〉高木文夫（香川大学）

一九八二（昭和五七）年六月七日〜一九八五（昭和六〇）年六月二日

（一九八二（昭和五七）年一〇月一日現在）

【会長】扇谷尚（甲南女子大学）
【理事（○印は常任理事、うち◎印は理事会幹事）】
杉山善朗（札幌医科大学）島利雄（北海道工業大学）斎藤武雄（弘前学院大学）○大畑荘一（岩手大学）片野健吉（秋田大学）細野健（福島大学）櫻井明俊（茨城大学）小田中秀雄（宇都宮大学）○永野巌（埼玉大学）木内信敬（千葉大学）◎近藤精造（千葉大学）小池鉒次（東京大学）○清水正賢（東京農工大学）○清水畏三（桜美林大学）柿内賢信（国際基督教大学）井上英治（上智大学）斎藤博（東海大学）古川善晴（日本体育大学）高野義郎（横浜国立大学）矢野教（新潟大学）梅原隆章（富山大学）清原岑夫（金沢大学）○竹村松男（金沢大学）今堀宏三（福井県立短期大学）○濱野一彦（山梨学院大学）松崎一（信州大学）中田実（名古屋大学）山形安二（愛知医科大学）宮脇澤美（中部工業大学）○丹生久吉（三重大学）山内隆（滋賀大学）東愼之介（京都大学）小林哲也（京都大学）濱田清夫（同志社大学）布目潮渢（大阪大学）荻原明男（大阪府立大学）○友松芳郎（関西大学）後藤郁夫（桃山学院大学）関根秀和（大阪女学院短大学）長谷川正知（神戸大学）新谷隆一（関西学院大学）○西川善良（甲南大学）湯浅清（和歌山大学）北山毅（岡山大学）式部久（広島大学）本家真澄（徳島大学）坂口良昭（香川大学）◎堀地武（香川大学）瀬川富士（愛

媛大学）鈴木堯士（高知大学）○稲田朝次（九州大学）村井泰彦（福岡大学）高橋清（長崎大学）平野稔（大分大学）
　高須金作（宮崎大学）
研究センター関係　野村昭（関西大学）○関正夫（広島大学）
大学基準協会関係　○杉山逸男（日本大学）
国立大学協会関係　○緒方道彦（九州大学）
公立大学協会関係　中村正雄（大阪府立大学）
日本私立大学協会関係　矢次保（私大協専務理事・事務局長）小川勝治（明治学院大学）
日本私立大学連盟関係　○遠藤眞二（東京女子大学）
【監査】馬場慎（日本大学）森毅（京都大学）
【事務局（千葉大学）】事務局長　木内信敬（千葉大学）事務局常任理事　近藤精造（千葉大学）堀地武（香川大学）
事務局幹事　阿部玄治（千葉大学）、岡崎邦博（千葉大学）、吉田治（千葉大学）、吉村広司（千葉大学）

一九八五（昭和六〇）年六月三日〜一九八八（昭和六三）年六月一二日

（一九八五（昭和六〇）年一〇月一日現在）

【会長】扇谷尚（甲南女子大学）
【理事（○印は常任理事、うち◎印は理事会幹事）】
杉山善朗（札幌医科大学）島利雄（北海道工業大学）○大畑荘一（岩手大学）加藤裕（秋田大学）細川健（福島大学）
櫻井明俊（常磐大学）小田中秀雄（宇都宮大学）○永野巌（埼玉大学）吉田治（千葉大学）◎近藤精造（千葉大学）
○阪上信次（東京農工大学）○清水畏三（桜美林大学）柿内賢信（国際基督教大学）○讃岐和家（国際基督教大学）
田坂興亜（国際基督教大学）越前喜六（上智大学教授）斎藤博（東海大学教授）古川善晴（日本体育大学）○馬場慎（日

本大学）高野義郎（横浜国立大学）矢野教（新潟大学）梅原隆章（敦賀女子短期大学）清原岑夫（金沢大学）○竹村松男（金沢大学名）今堀宏三（鳴門教育大学）○濱野一彦（山梨学院大学）横塚勇（山梨学院大学）仲澤浩祐（山梨学院大学）池尾健一（信州大学）松崎一（松商学園短期大学）中田実（名古屋大学）宮脇澤美（中部大学）丹生久吉（三重大学）山内隆（佐賀大学）東慎之介（舞鶴工業高等専門学校）奥田光郎（京都大学）小林哲也（京都大学）布目潮渢（摂南大学）○友松芳郎（関西大学）後藤郁夫（桃山学院大学）関根秀和（大阪女学院短期大学）長谷川正知（神戸大学）新谷隆一（関西学院大学）○西川善良（甲南大学）湯浅清（和歌山大学）定兼範明（岡山大学）式部久（岡山理科大学）岡本哲彦（広島大学）本家真澄（徳島大学）須永哲雄（香川大学）◎堀地武（香川大学）瀬川富士（愛媛大学）玉木清孝（高知大学）○稲田朝次（九州大学）村井泰彦（福岡大学）高橋清（長崎大学）平野稔（大分大学）高須金作（宮崎大学）

研究センター関係　古俊楠徳（関西大学）○関正夫（広島大学）

大学基準協会関係　○遠藤眞二（東京女子大学）

国立大学協会関係　○緒方道彦（九州大学）

公立大学協会関係　滝川俊郎（大阪府立大学）

日本私立大学連盟関係　小川勝治（明治学院大学）

【監査】森毅（京都大学）木内信敬（東洋女子短期大学）

【事務局（千葉大学）】事務局長　吉田治（千葉大学）　事務局幹事　近藤精造（千葉大学）、山口晃（千葉大学）、深尾謹之介（千葉大学）

一九八八（昭和六三）年六月一三日～一九九一（平成三）年六月九日

（一九八八（昭和六三）年一〇月一日現在）

【会長】扇谷尚（甲南女子大学）

【理事（○印は常任理事、うち◎印は理事会幹事）】

平尾三郎（札幌大学）島利雄（北海道工業大学）○大畑荘一（盛岡大学）安倍信夫（秋田大学）細川健（福島大学）○吉田治（千葉大学）◎近藤精造（敬愛大学）寺﨑昌男（東京大学）○柳下登（東京農工大学）○清水畏三（桜美林大学）◎讃岐和家（国際基督教大学）絹川正吉（国際基督教大学）原一雄（国際基督教大学）○越前喜六（上智大学教授）玉井治（東海大学）柿内賢信（東京神学大学）○馬場慎（日本大学）古川善晴（日本体育大学）木内信敬（東洋女子短期大学）○高野義郎（横浜国立大学）矢野教（新潟大学）清原岑夫（金沢大学）○竹村松男（金沢大学）◎濱野一彦（山梨学院大学）仲澤浩祐（山梨学院大学）四方昭吾（信州大学）松崎一（松商学園短期大学）中田実（名古屋大学）宮脇澤美（中部大学）○丹生久吉（三重大学）森毅（京都大学）小林哲也（京都大学）越田豊（大阪大学）友松芳郎（関西大学）布目潮渢（摂南大学）後藤邦夫（桃山学院大学）竹山和彦（神戸大学）○長谷川正知（神戸大学）○西川喜良（甲南大学）高尾昭夫（鳥取大学）石井旭（岡山大学）天野實（広島大学）式部久（広島経済大学）石躍胤央（福島大学）今堀宏三（鳴門教育大学）須永哲雄（香川大学）秦隆昌（香川大学）◎堀地武（香川大学）森田勝美（愛媛大学）玉木清孝（高知大学）○稲田朝次（九州大学）村井泰彦（福岡大学）高橋清（長崎大学）高須金作（宮崎大学）荒川譲（鹿児島大学）

研究センター関係　岸井貞男（関西大学）○関正夫（広島大学）

大学基準協会関係　○遠藤眞二（東京女子大学）

国立大学協会関係　緒方道彦（九州大学）

日本私立大学連盟関係　小川勝治（明治学院大学）

日本私立大学協会関係　下田博一（大東文化大学）

短期大学協会関係　関根秀和（大阪女学院短期大学）

【監査】山口晃（千葉大学）安岡高志（東海大学）
【事務局（山梨学院大学）】事務局長　仲澤浩祐（山梨学院大学）　幹事　北山昌（山梨学院大学）、香西敏器（山梨学院大学）、岡田萬嗣（山梨学院大学）

一九九一（平成三）年六月一〇日～一九九四（平成六）年六月五日

（一九九一（平成三）年九月一一日現在）

【会長】堀地武（香川大学）
【理事（○印は常任理事、うち◎印は理事会幹事）】
坂井昭宏（北海道大学）平尾三郎（札幌大学）中村孝（北海道工業大学）目修三（八戸工業大学）○大畑荘一（岩手大学）梶川正弘（秋田大学）安藤勝夫（福島大学）○吉田治（敬愛大学）◎近藤精造（敬愛大学）寺﨑昌男（東京大学）○柳下登（東京農工大学）○清水畏三（桜美林大学）◎讃岐和家（国際基督教大学）絹川正吉（国際基督教大学）原一雄（国際基督教大学）○越前喜六（上智大学）高野二郎（東海大学）○安岡高志（東海大学）柿内賢信（東京神学大学）○馬場慎（日本大学）古川善晴（日本大学体育大学）松島宏（武蔵野女子大学）千葉茂美（明治学院大学）石原静子（和光大学）木内信敬（東京女子短期大学）○高野義郎（横浜国立大学）矢野教（新潟大学）清原岑夫（金沢大学）○竹村松男（金沢大学）◎濱野一彦（山梨学院大学）仲澤浩祐（山梨学院大学）松田松二（信州大学）松崎一（松商学園短期大学）中田実（名古屋大学）宮脇澤美（中部大学）○丹生久吉（三重大学）森毅（京都大学）小林哲也（英国暁星国際大学）越田豊（大阪大学）志水紀代子（追手門学院大学）友松芳郎（関西大学）布日潮渢（摂南大学）○後藤邦夫（桃山学院大学）○扇谷尚（大阪薫英女子短期大学）竹山和彦（神戸大学）長谷川正知（神戸大学）○西川喜良（甲南大学）高階勝義（鳥取大学）脇本和昌（岡山大学）天野實（広島大学）式部久（広島経済大学）石躍胤央（徳島大学）今堀宏三（鳴門教育大学）木原溥幸（香川大学）森田勝美（愛媛大学）田代正之（高知大学）○稲田朝次（九

州国際大学）緒方道彦（久留米医科大学）高橋清（長崎大学）高須金作（宮崎大学）荒川譲（鹿児島大学）
研究センター関係　木田和雄（関西大学）○関正夫（広島大学）
大学基準協会関係　○遠藤眞二（東京女子大学）
国立大学協会関係　阪上信次（東京農工大学）
公立大学協会関係　日本私立大学連盟関係　示村悦二郎（早稲田大学）
日本私立大学協会関係　門脇稔（神奈川歯科大学）
短期大学協会関係　関根秀和（大阪女子短期大学）
【監査】香西敏器（山梨学院大学）須永哲雄（香川大学）
【事務局（東海大学）】事務局長　安岡高志（東海大学）　事務局幹事　高野二郎（東海大学）、光澤舜明（東海大学）

一九九四（平成六）年六月六日〜一九九七（平成九）年六月八日

（一九九四（平成六）年一〇月一日現在）

【会長代行】讃岐和家（金城学院大学）
【理事（○印は常任理事）】
坂井昭宏（北海道大学）平尾三郎（札幌大学）太田一男（酪農学園大学）目修三（八戸工業大学）○梶川正弘（秋田大学）
吉村仁作（福島大学）○秀島武敏（千葉大学）○吉田治（敬愛大学）○近久芳昭（東京農工大学）奥沢良雄（大妻女子大学）○清水畏三（桜美林大学）○佐藤東洋士（桜美林大学）○絹川正吉（国際基督教大学）○越前喜六（上智大学）
田中義郎（玉川大学）○安岡高志（東海大学）○遠藤眞二（東京女子大学）○馬場慎（日本大学）○林義樹（武蔵大学）
松島宏（武蔵野女子大学）○千葉茂美（明治学院大学）石原静子（和光大学）示村悦二郎（早稲田大学）宮内美智子（青葉学園短期大学）木内信敬（東洋女子短期大学）○越田豊（大学入試センター）堀江朝子（東海大学医療技術短

期大学）矢野教（新潟大学）○清原岑夫（金沢大学）竹村松男（金沢大学）○香西敏器（山梨学院大学）仲澤浩祐（身延山短期大学）松田松二（信州大学）中田實（名古屋大学）田浦武雄（愛知学院大学）宮脇澤美（中部大学）高山進（三重大学）小林哲也（柳城短期大学）飯田哲也（立命館大学）森田敏照（大阪大学）志水紀代子（追手門学院大学）竹山和彦（摂南大学）○後藤邦夫（桃山学院大学）多淵敏樹（神戸大学）○西川喜良（甲南大学）市川良哉（奈良大学）高階勝義（鳥取大学）河野昌晴（岡山理科大学）戸田吉信（広島大学）式部久（広島経済大学）石躍胤央（徳島大学）武田和昭（愛媛大学）梅原純一（高知大学）○稲田朝次（九州国際大学）村井泰彦（福岡大学）中島最吉（熊本大学）大嶋誠（大分大学）高須金作（宮崎大学）荒川譲（鹿児島大学）

研究センター関係　土倉莞爾（関西大学）

大学基準協会関係　寺﨑昌男（立教大学）

国立大学協会関係　阪上信次（東京農工大学）

公立大学協会関係　三宅雅明（大阪府立大学）

日本私立大学連盟関係　○原一雄（亜細亜大学）

日本私立大学協会関係　門脇稔（神奈川歯科大学）

短期大学協会関係　関根秀和（大阪女学院短期大学）

【監査】高尾将臣（香川大学）浅羽晴二（山梨学院大学）

【事務局（桜美林大学）】事務局長　佐藤東洋士（桜美林大学）　事務局幹事　徳久球雄（桜美林大学）

一九九七（平成九）年六月九日〜二〇〇〇（平成一二）年六月四日

（一九九七（平成九）年六月七日現在）

【会長】讃岐和家（和泉短期大学）

【理事（○印は常任理事）】
堀地武（香川大学）○坂井昭宏（北海道大学）平尾三郎（札幌大学）太田一男（酪農学園大学）目修三（八戸工業大学）○熊田亮介（秋田大学）高瀬雅男（福島大学）○秀島武敏（千葉大学）○絹川正吉（国際基督教大学）○越前喜六（上智大学）○田中義郎（玉川大学）○馬場慎（日本大学）○林義樹（武蔵大学）松島宏（武蔵野女子大学）○石原静子（和光大学）○宮内美智子（青葉学園短期大学）○安岡高志（東海大学）○千葉茂美（明治学院大学）徳久球雄（桜美林大学）舘昭（学位授与機構）竹村松男（金沢大学名）○香西敏器（山梨学院大学）仲澤浩祐（身延山大学）山田和夫（中部大学）伊藤正之（名古屋大学）田浦武雄（名古屋柳城短期大学）二杉孝司（金城学院大学）○宮脇澤美（中部大学）○飯田哲也（立命館大学）小林哲也（プール学院大学）森田敏照（大阪工業大学）○後藤邦夫（桃山学院大学）○志水紀代子（追手門学院大学）多淵敏樹（神戸大学）西川喜良（甲南大学）市川良哉（奈良大学）河野昌晴（倉敷芸術科学大学）生和秀敏（広島大学）越田豊（高知工科大学）松永健二（高知大学）○稲田朝次（九州国際大学）中島最吉（熊本工業大学）荒川譲（鹿児島大学）平良研一（沖縄大学）

大学基準協会関係　○寺﨑昌男（立教大学）
日本私立大学連盟関係　○原一雄（亜細亜大学）
日本私立大学協会関係　○佐藤東洋士（桜美林大学）
短期大学協会関係　○関根秀和（大阪女学院短期大学）
研究センター関係　○山野井敦徳（広島大学）
【監査】浅羽晴二（山梨学院大学）石桁正士（大阪電気通信大学）
【事務局（中部大学）】事務局長：宮脇澤美（中部大学）　事務局幹事：宗像義教（中部大学）

二〇〇〇（平成一二）年六月五日〜二〇〇三（平成一五）年六月八日

（二〇〇〇（平成一二）年六月四日現在）

【会長】絹川正吉（国際基督教大学）

【副会長】佐藤東洋士（桜美林大学）

【理事（〇印は常任理事）】

飯田哲也（立命館大学）石桁正士（大阪電気通信大学）〇石原静子（和光大学）稲田朝次（九州国際大学）宇井純（沖縄大学）〇越前喜六（上智大学）太田一男（酪農学園大学）大庭茂美（九州女子大学）小笠原正明（北海道大学）菅野英孝（福島女子短期大学）清原岑夫（金沢大学）熊田亮介（秋田大学）〇香西敏器（山梨学院大学）河野昌晴（倉敷芸術科学大学）〇後藤邦夫（桃山学院大学）〇坂井昭宏（北海道大学）目修三（八戸工業大学）〇佐藤東洋士（桜美林大学）清水畏三（桜美林大学）〇志水紀代子（追手門学院大学）新村洋史（中京女子大学）〇関根秀和（大阪女学院短期大学）田坂興亜（国際基督教大学）〇舘昭（大学評価・学位授与機構）〇田中義郎（玉川大学）〇千葉茂美（明治学院大学）筒井洋一（富山大学）〇寺﨑昌男（桜美林大学）中田實（愛知学泉大学）中村博（山梨学院大学）〇濱名篤（関西女学院短期大学）林俊夫（香川大学）〇林義樹（武蔵大学）〇原一雄（国際基督教大学名誉教授）〇秀島武敏（千葉大学）平尾三郎（札幌大学）松岡信之（国際基督教大学）松永健二（高知大学）〇宮内美智子（青葉学園短期大学）〇宮脇澤美（中部大学）〇安岡高志（東海大学）〇山内正平（千葉大学）山岸駿介（多摩大学）山田和夫（中部大学）

【監査】菅野憲司（千葉大学）佐々木一也（立教大学）

【事務局（国際基督教大学）】事務局長　松岡信之（国際基督教大学）　事務局幹事　田坂興亜（国際基督教大学）

二〇〇三（平成一五）年六月九日～二〇〇六（平成一八）年六月一一日

（二〇〇三（平成一五）年八月三〇日現在）

【会長】佐藤東洋士（桜美林大学）
【副会長】坂井昭宏（北海道大学）
【理事（○印は常任理事）】
浅野誠（フリー教育研究者）石桁正士（大阪電気通信大学）石原静子（和光大学）宇井純（沖縄大学名誉教授）○越前喜六（上智大学名誉教授）大嶋誠（大分大学）大庭茂美（九州女子大学）○小笠原正明（北海道大学）清原岑夫○香西敏器（山梨学院大学）河野昌晴（倉敷芸術科学大学）○後藤邦夫（NPO 法人学術研究ネット）○坂井昭宏（北海道大学）○佐々木一也（立教大学）目修三（八戸工業大学）志水紀代子（追手門学院大学）○新村洋史（中京女子大学）○関根秀和（大阪女学院短期大学）竹下賢（関西大学）○舘昭（大学評価・学位授与機構）○田中毎実（京都大学）○田中義郎（玉川大学）○千葉茂美（明治学院大学）筒井洋一（京都精華大学）○寺﨑昌男（立教学院）中村博幸（京都文教大学）奈良雅之（目白大学）○濱名篤（関西国際大学）林俊夫（香川大学）○林義樹（武蔵大学）原一雄（国際基督教大学）○原田康子（和泉短期大学）久恒啓一（宮城大学）○秀島武敏（千葉大学）平尾三郎（札幌大学）逸見勝亮（北海道大学）孫福弘（慶應義塾大学）○松岡信之（国際基督教大学）○宮内美智子（青葉学園短期大学）宮脇澤美（中部大学）○安岡高志（東海大学）山内正平（千葉大学）山岸駿介（多摩大学）
【監査】菅野憲司（千葉大学）古矢鉄矢（北里大学）
【事務局（桜美林大学）】事務局長　本郷優紀子（桜美林大学）　事務局幹事　高村麻実（桜美林大学）

（二〇〇六（平成一八）年九月現在）

二〇〇六（平成一八）年六月一二日〜二〇〇九（平成二一）年六月七日

【会長】寺﨑昌男（立教学院）
【副会長】松岡信之（国際基督教大学）

【理事（○印は常任理事）】
青野透（金沢大学）石原静子（和光大学）井下理（慶應義塾大学）○越前喜六（上智大学）大庭茂美（九州女子大学）○小笠原正明（東京農工大学）加澤恒雄（広島工業大学）川嶋太津夫（神戸大学）○絹川正吉（国際基督教大学）清原岑夫　香西敏器（山梨学院大学）後藤邦夫（ＮＰＯ法人学術研究ネット）○小林勝法（文教大学）○小山悦司（倉敷芸術科学大学）○坂井昭宏（北海道大学）○佐々木一也（立教大学）目修三（八戸工業大学）新村洋史（中京女子大学）○関根秀和（大阪女学院大学・大阪女学院短期大学）竹前文夫（目白大学）○舘昭（桜美林大学）○田中毎実（京都大学）○田中義郎（桜美林大学）筒井洋一（京都精華大学）徳永哲也（長野大学）○中村博幸（京都文教大学）○奈良雅之（目白大学）橋本勝（岡山大学）○濱名篤（関西国際大学）○林義樹（日本教育大学院大学）原田康子（和泉短期大学）○秀島武敏（千葉大学）○本郷優紀子（桜美林大学）前田早苗（（財）大学基準協会）松下佳代（京都大学）溝上慎一（京都大学）宮内美智子（東京医療保健大学）宮脇澤美（中部大学）○安岡高志（東海大学）山内正平（千葉大学）○山田礼子（同志社大学）山野井敦徳（広島大学）若菜博（室蘭工業大学）

【監査】尾野麻紀子（酪農学園大学）四方周輔（北海道東海大学）

【事務局（北海道医療大学）】事務局長　小野滋男（北海道医療大学）　幹事　志水幸（北海道医療大学〔平成一八年一一月二五日就任〕）

（二〇〇九（平成二十一）年一〇月二日現在）

二〇〇九（平成二一）年六月八日～

【会長】小笠原正明（筑波大学）

【副会長】松岡信之（国際基督教大学）

【理事（○印は常任理事）】

○青野透（金沢大学）足立寛（立教大学）飯吉弘子（大阪市立大学）出光直樹（横浜市立大学）○井下理（慶應義塾大学）上垣豊（龍谷大学）○越前喜六（上智大学）圓月勝博（同志社大学）大塚雄作（京都大学）○小野滋男（北海道医療大学）○川島啓二（国立教育政策研究所）川嶋太津夫（神戸大学）○絹川正吉（国際基督教大学）香西敏器（山梨学院大学）小林勝法（文教大学）小山悦司（倉敷芸術科学大学）○坂井昭宏（桜美林大学）目修三（八戸工業大学）○佐々木一也（立教大学）佐藤東洋士（桜美林大学）○佐藤浩章（愛媛大学）志津木敬（広島大学）杉谷祐美子（青山学院大学）○関根秀和（大阪女学院大学）舘昭（桜美林大学）○田中毎実（京都大学）田中義郎（桜美林大学）近田政博（名古屋大学）中村博幸（京都文教大学）○夏目達也（名古屋大学）○奈良雅之（目白大学）橋本健夫（長崎大学）○橋本勝（岡山大学）秦敬治（愛媛大学）羽田貴史（東北大学）○濱名篤（関西国際大学）林義樹（日本教育大学院大学）秀島武敏（桜美林大学）細川敏幸（北海道大学）○本郷優紀子（桜美林大学）前田早苗（千葉大学）舛本直文（首都大学東京）松下佳代（京都大学）溝上慎一（京都大学）○安岡高志（立命館大学）○山内正平（千葉大学）○山田礼子（同志社大学）吉永契一郎（東京農工大学）

【監査】竹前文夫（目白大学）原田康子（和泉短期大学）

【事務局（桜美林大学）】事務局長　武村秀雄（桜美林大学）　幹事　野坂尊子（桜美林大学）

Ⅲ・歴代会長・副会長・事務局長・事務局一覧

年	会長（在任期間）	副会長（在任期間）	事務局長（在任期間）	事務局
一九七九（昭和54）	扇谷　尚（'79・12・8〜'91・6・9）		堀地　武（'79・12・8〜'82・6・6）	香川大学
一九八〇（昭和55）				
一九八一（昭和56）				
一九八二（昭和57）			木内信敬（'82・6・7〜'83・6・9）	千葉大学
一九八三（昭和58）				
一九八四（昭和59）			吉田　治（'83・6・10〜'86・3・31）	千葉大学
一九八五（昭和60）				
一九八六（昭和61）			横塚　勇（'86・4・1〜'87・3・31）	山梨学院大学
一九八七（昭和62）				
一九八八（昭和63）			中澤浩祐（'87・4・1〜'89・3・31）	山梨学院大学
一九八九（平成1）			讃岐和家（'89・4・1〜'91・3・31）	国際基督教大学
一九九〇（平成2）				

一九九一（平成3）	堀地　武（'91・6・10～'94・6・5）		安岡高志（'91・4・1～'94・3・31）	東海大学
一九九二（平成4）				
一九九三（平成5）				
一九九四（平成6）	讃岐和家（代行）（'94・6・6～'94・11・25）		佐藤東洋士（'94・4・1～'97・3・31）	桜美林大学
	讃岐和家（'94・11・26～'00・6・4）			
一九九五（平成7）				
一九九六（平成8）				
一九九七（平成9）			宮脇澤美（'97・4・1～'00・3・31）	中部大学
一九九八（平成10）				
一九九九（平成11）				
二〇〇〇（平成12）	絹川正吉（'00・6・5～'03・6・8）		松岡信之（'00・4・1～'03・3・31）	国際基督教大学
二〇〇一（平成13）		佐藤東洋士（'01・8・24～'03・6・8）		
二〇〇二（平成14）				
二〇〇三（平成15）	佐藤東洋士（'03・6・9～'06・6・11）	坂井昭宏（'03・8・30～'06・6・11）	本郷優紀子（'03・4・1～'06・6・9）	桜美林大学
二〇〇四（平成16）				

二〇〇五（平成17）				
二〇〇六（平成18）	寺崎昌男（'06・6・12～'09・6・7）	松岡信之（'06・6・12～'09・6・7）	小野滋男（'06・6・10～'09・6・5）	北海道医療大学
二〇〇七（平成19）				
二〇〇八（平成20）				
二〇〇九（平成21）	小笠原正明（'09・6・8～　）	松岡信之（'09・6・8～　）	武村秀雄（'09・6・6～　）	桜美林大学

Ⅳ. 年表

凡例

1　収載範囲は二〇〇四年一月一日から二〇一〇年三月三一日までとした。

2　二〇〇四年以前については、『新しい教養教育をめざして—大学教育学会二五年の歩み　未来への提言』（東信堂、二〇〇四）の「資料編3　年表」参照のこと。

3　「本学会関連主要事項」は、大会および課題研究集会の開催日時および開催場所を中心に記載した。詳細については、本資料編の①大会・課題研究集会一覧、②役員一覧、③歴代会長・副会長・事務局長・事務局一覧を参照のこと。

4　「高等教育関係主要事項」は各種政策提言や制度改正を中心に記載した。

年	月・日	本学会関連主要事項	月・日	高等教育関係主要事項
二〇〇四（平成16）	6・12・13	第二六回大会開催「大学教育の接続と連携—いつでも、どこでも、だれでも学べる」（於：北海道大学）	1・14	中央教育審議会「構造改革特別区域における大学設置基準等の特例措置について」答申
	10・30	大学教育学会名簿発行	4・1	国立大学法人法の改正により、国立大学法人八九法人と大学共同利用機関法人四法人が発足

二〇〇四（平成16）	12・4・5	課題研究集会開催「大学の教育力とその社会的役割」（於：立教大学）	4・1	学校教育法に基づき、すべての国公私立の大学等が定期的に評価を受ける認証評価制度が開始
	12・4	大学教育学会二五年史編纂委員会編『新しい教養教育をめざして―大学教育学会二五年の歩み　未来への提言』（東信堂）刊行	5・21	学校教育法の改正により、〇六年度から薬剤師養成を目的とした学部教育の六年制実施が決定
				現代的教育ニーズ取組支援プログラム（現代GP）開始（〇七年度まで）。文部科学省は、教育の質の向上につながる優れた取組を選定し、広く社会に情報提供するとともに重点的な財政支援を行うことを目的として、〇三年の「特色ある大学教育支援プログラム（特色GP）」（'03－'07）以降、数多くの教育支援・推進事業プログラムを展開していく
二〇〇五（平成17）	6・11・12	第二七回大会開催「大学教育学会の未来へ」（於：京都大学）	1・28	中央教育審議会「我が国の高等教育の将来像」答申

年	月・日	本学会関連主要事項	月・日	高等教育関係主要事項
二〇〇五（平成17）	6・11・12	大学教育学会奨励賞規定制定	7・15	学校教育法の改正により、助教授・助手に関する制度や短期大学卒業者への学位などが変更
	11・26・27	課題研究集会開催「学士課程教育と教養教育」（於：新潟大学）	9・5	中央教育審議会「新時代の大学院教育—国際的に魅力ある大学院教育の構築に向けて—」答申
二〇〇六（平成18）	6・10・11	第二八回大会開催「評価時代を迎えた大学の在り方」（於：東海大学）	3・28	科学技術基本計画（第三期：〇六年度～二〇一〇年度）閣議決定
	6・10	第一回学会奨励賞：①井下千以子②東海大学グループ（代表　安岡高志）　論文優秀賞：①野坂尊子②飯吉弘子	3・31	大学院設置基準の一部改正（二〇〇七年四月施行、大学院におけるＦＤの義務化）
	6・12	桜美林大学より北海道医療大学へ事務局移管	12・22	（新）教育基本法成立
	11・25・26	課題研究集会開催「教員組織とカリキュラム改革」（於：金沢大学）		

年	月日	大学教育学会	月日	事項
二〇〇七（平成19）	6・9・10	第二九回大会開催『持続可能な社会と大学』によせて」（於：東京農工大学）	3・10	中央教育審議会「教育基本法の改正を受けて緊急に必要とされる教育制度の改正について」答申
	11・20	大学教育学会名簿発行	7・31	大学設置基準の一部改正（〇八年四月施行、大学におけるＦＤの義務化）
	12・1・2	課題研究集会開催「学士課程教育の再考」（於：龍谷大学）	12・14	教育再生会議の報告に基づき、九月入学の促進のため、学校教育法施行規則を改正して大学の四月入学原則を撤廃
				新たな社会的ニーズに対応した学生支援プログラム（学生支援ＧＰ）開始（〇八年度まで）
二〇〇八（平成20）	6・7・8	第三〇回大会開催「大学の教育力」（於：目白大学）	2・19	中央教育審議会「新しい時代を切り拓く生涯学習の振興方策について～知の循環型社会の構築を目指して～」答申
	6・7	大学教育学会細則改正（役員の選出方法の改正：役員の選出方法の改正：従来の全国区と地区ブロックとによる投票システムを全国区のみに一元化）	4・18	中央教育審議会「教育振興基本計画について―『教育立国』の実現に向けて―」答申

年	月・日	本学会関連主要事項	月・日	高等教育関係主要事項
二〇〇八（平成20）	12・6・7	課題研究集会開催「学生の主体的な学びを広げるために」（於：岡山大学）	6・3	文部科学省、日本学術会議に「大学教育の分野別質保証の在り方に関する審議」を依頼
			7・29	文部科学省ほか関係省庁（外務省、法務省、厚生労働省、経済産業省、国土交通省）が「留学生三〇万人計画」骨子を策定
			8・11	文部科学大臣、中央教育審議会に対し「中長期的な大学教育の在り方について」諮問
			10・6	中央教育審議会「大学設置基準等の改正について」答申（高等教育機関間の連携による共同教育課程の設置が可能に）
			12・24	中央教育審議会「学士課程教育の構築に向けて」答申
				質の高い大学教育推進プログラム（教育ＧＰ）開始（〇八年度まで）

二〇〇九（平成21）	6・6・7	第三一回大会開催「教育者としての大学教員」（於：首都大学東京）	7・30	文部科学省『平成二〇年度文部科学白書―教育政策の総合的推進／大学の国際化と地域貢献―』公表
	6・6	第四回学会奨励賞：千葉工業大学教育センター・教養教育（体育系）研究グループ（代表 森田啓） 会長特別賞：「初年次教育・導入教育に関する研究委員会」による二〇〇六年度課題研究集会シンポジウムに関する一連の論文（代表 濱名篤）		大学教育 学生支援推進事業開始（テーマA：大学教育推進プログラム、テーマB：学生支援推進プログラム）
	6・8	北海道医療大学より桜美林大学へ事務局移管		
	11・28	大学教育学会創立三〇周年記念特別講演開催 鷲田清一（大阪大学総長）「教育への問いかけ」（於：御堂会館）		
	11・28・29	課題研究集会開催（学会創立三〇周年記念集会）「学士課程における教養教育再考」（於：大阪市立大学）		

V. 学会奨励賞等受賞者・対象論文一覧

〈学会奨励賞〉

回数（年度）	受賞者（所属）	執筆者・受賞対象論文名	掲載巻号、頁数 刊行年
第一回（二〇〇六）	井下千以子（桜美林大学）	①井下千以子「高等教育における文章表現教育プログラムの開発」（フォーラム）	23-2、137-144 二〇〇一
		②井下千以子「考えるプロセスを支援する文章表現指導法の提案」	24-2、76-84 二〇〇二
		③井下千以子「学士課程教育における日本語教育の意味と位置」	27-2、97-106 二〇〇五
		(1)井下千以子「大学教育における〝書くことの教育〟に関する検討」（フォーラム）	21-2、194-199 一九九九
	東海大学研究グループ（安岡高志、峯岸俊哉、高野二郎、香取草之助）（東海大学）	①安岡高志・峯岸俊哉・高野二郎・香取草之助「学生による授業評価と研究業績の関係」（フォーラム）	23-1、86-90 二〇〇一
		②安岡高志・峯岸俊哉・高野二郎・香取草之助「授業アンケートにおける学生の達成感と総合評価の関係」（事例）	24-1、123-126 二〇〇二

⑴安岡高志・吉川政夫・高野二郎・峯岸俊哉・成嶋弘・光澤舜明・道下忠行・香取草之助「学生による講義評価―学生の質と講義評価の関係について」（フォーラム）	11－1、56－59	一九八九
⑵安岡高志・吉川政夫・高野二郎・峯岸俊哉、成嶋弘・光澤舜明・道下忠行・香取草之助「学生による講義評価―成績と講義評価の関係について」（フォーラム）	11－2、99－102	一九八九
⑶安岡高志・吉川政夫・高野二郎・峯岸俊哉・成嶋弘・光澤舜明・道下忠行・香取草之助「学生による講義評価―成績と講義評価の関係について」（フォーラム）	15－2、148－160	一九九三
⑷安岡高志・及川義道・渡辺律子・吉川政大・高野二郎・光澤舜明・香取草之助「学生により授業評価項目および授業評価結果の利用法に関するアンケート結果」（フォーラム）	16－1、51－61	一九九四
⑸安岡高志・峯崎俊哉・山本銀次・高野二郎・光澤舜明・香取草之助「東海大学における一九九三年度前期授業評価の実施結果―授業評価の性質」（フォーラム）	17－1、104－109	一九九五
⑹安岡高志・峯崎俊哉・山本銀次・高野二郎・光澤舜明・香取草之助「学生による授業評価―基礎学力と評価の関係」（フォーラム）	18－1、47－50	一九九六

		(7)安岡高志・片平恵子・光澤舜明「授業改善に対する学生の要求」（フォーラム） (8)安岡高志・峯崎俊哉・山本銀次・高野二郎・香取草之助「学生の授業評価におよぼす教員の年齢の影響」（フォーラム） (9)峯崎俊哉・安岡高志・高野二郎・香取草之助「インターネットを利用した授業評価結果の公表システム」（フォーラム）	19－1、84－88 一九九七 19－2、75－79 一九九七 21－2、180－184 一九九九
第二回（二〇〇七）	該当なし		
第三回（二〇〇八）	該当なし		
第四回（二〇〇九）	千葉工業大学教育センター・教養教育（体育系）研究グループ （森田啓・林容一・引原有輝・谷合哲行） （千葉工業大学）	森田啓・林容一・引原有輝・谷合哲行「大学教育は『健康』を学習目標にすべきか：大学教育における体育の位置づけに関する考察」（研究論文）	30－2、129－135 二〇〇八

＊所属は受賞時のもの
＊（ ）のついた番号の論文は、選考対象期間外に本学会誌に掲載されたもの

〈論文優秀作〉

年度	受賞者（所属）	受賞対象論文名	掲載巻号、頁数 刊行年
二〇〇六	野坂尊子（桜美林大学大学院）	①「戦後高等教育改革期における「家政学」理解―「家政学部設置基準」の制定過程に見る―」	23-2、110-120 二〇〇一
		②「戦後教育改革における家政教育の再編成―高知女子大学の事例を中心として―」（研究報告）	22-2、112-119 二〇〇〇
		(1)「女性にとっての戦後高等教育改革―新制大学創設期における家政学教育の出発／大阪市立大学・東北大学・広島大学」（フォーラム）	21-2、130-136 一九九九
	飯吉弘子（桜美林大学大学院）	①「戦後日本産業界の「能力観」と「人材養成」要求―経済団体の高等教育改革提言の歴史的分析―」	23-2、121-128 二〇〇一
		②「戦後産業界の高等教育改革意見の変遷に関する分析―「創造的人材」の重視と「教養教育」―」（フォーラム）	22-2、162-168 二〇〇〇

＊所属は、投稿時のもの
＊（ ）のついた番号の論文は、選考対象期間外に本学会誌に掲載されたもの

〈会長特別賞〉

年度	受賞者	受賞対象論文	掲載巻号、頁数 刊行年
二〇〇九	濱名篤（関西国際大学） 山田礼子（同志社大学） 川嶋太津夫（神戸大学）	二〇〇六年度課題研究集会シンポジウムⅠ「学士課程に初年次教育をどう組み込むのか」関連論文	29－1、36－52 二〇〇七

編集後記

本誌の編集作業は、二〇〇九（平成二一）年六月に発足した大学教育学会三〇周年記念誌編集委員会が担ったが、竹前文夫大学教育学会三〇周年記念事業委員長が常任理事会において、学会三〇周年の記念誌の刊行を提案されたことにより実現の運びとなったものである。ここに竹前委員長をはじめ三〇周年記念事業委員の皆様に厚く御礼を申し上げたい。

本誌刊行の趣旨は、二五周年記念誌『新しい教養教育をめざして』（二〇〇四年刊行）以降の本学会の活動および大学教育をめぐる動きを検証し、将来を展望することである。そのため、永く本学会で活動してこられた会員ばかりでなく、新たに入会された会員にも役立てていただけることを願って企画、編集した。

本書は三部構成となっている。第一部は日本の大学教育の中で学会として先進的に取組んできた課題研究に関する論文集である。各課題研究に取組んで来られた研究委員に執筆をお願いしたところ、皆快くお引き受けくださった。執筆いただいた論文はいずれも本学会の研究活動の先進性、問題意識を見事に表す読み応えある力作揃いである。ご執筆の後藤邦夫会員、山田礼子会員、小笠原正明会員、絹川正吉会員、今田晶子会員に心より感謝したい。

第二部は坂井昭宏会員、秀島武敏会員の執筆による支部活動報告である。

そして、第三部は資料編である。学会創立以来の大会・課題研究集会一覧、二五年誌以降の年表など学会として記録すべき資料を掲載した。これらは寺﨑昌男会員、野坂尊子会員、落合いずみ氏の多大なるご尽力により完成したものである。

本誌は当初予定していた頁数を超過したうえ、期日を過ぎての入稿となった。そのような事態にもかかわらず、納期に間に合うよう惜しみなく出版の努力をしてくださった下田勝司東信堂社長には言葉に尽くせぬ感謝の念を抱いている。

最後に、本学会の会長、副会長、理事、常任理事、三〇周年記念誌編集委員、学会事務局長、事務局スタッフをはじめ本書の刊行を暖かくお支えくださった皆様に厚く御礼を申し上げたい。

二〇一〇（平成二二）年二月

大学教育学会三〇周年記念誌編集委員長　本郷　優紀子

大学教育学会三〇周年記念誌編集委員
委員長　本郷優紀子
委　員　松岡信之
　　　　野坂尊子
顧　問　寺﨑昌男

【な行】

【は行】

【ま行】

【や行】

【ら行】

【わ行】

人名索引

凡例
＊収録範囲は事項索引に同じ。
＊文献著者名を除いた。

【や行】

【ら行】

【わ行】

【な行】

【は行】

【ま行】

【た行】

【さ行】

【か行】

事項索引

凡例
＊収録範囲は「刊行にあたって」、「はしがき」、「第一部」、「第二部」の各本文に限った。

大学教育　研究と改革の30年―大学教育学会の視点から

2010年6月1日　　初　版第1刷発行　　〔検印省略〕

※定価はカバーに表示してあります。

編者©大学教育学会30周年記念誌編集委員会／発行者 下田勝司　　印刷・製本／中央精版印刷

東京都文京区向丘1-20-6　　郵便振替 00110-6-37828
〒113-0023　TEL (03) 3818-5521　FAX (03) 3818-5514

発行所 株式会社 東信堂

Published by TOSHINDO PUBLISHING CO., LTD.

1-20-6, Mukougaoka, Bunkyo-ku, Tokyo, 113-0023, Japan

E-mail : tk203444@fsinet.or.jp　http://www.toshindo-pub.com

ISBN978-4-7989-0000-1 C3037